부는 어디에서 오는가

성공의 비밀

WALLACE D. WATTLES.

THE SCIENCE OF BEING GREAT

WALLACE D. WATTLES

Author of "The Science of Getting Rich,"
etc.

PRICE, $1.00

PUBLISHED BY
ELIZABETH TOWNE
HOLYOKE, MASS.

COPYRIGHT
BY
WALLACE D. WATTLES

부는 어디에서 오는가
성공의 비밀

The Science of Being Great

월리스 D. 와틀스 지음 | 이수정 옮김

더스토리

| 차례 |

서문 | 당신을 위대하게 만들어줄 힘은 오로지 '생각'이다 ——— 011

1장 | 누구라도 위대해질 수 있다 ——— 014
: 인간은 '성장'을 위해 만들어진 존재이며 그 한계는 무한하다

2장 | 유전과 기회 ——— 023
: 뇌가 사람을 만드는 게 아니라 사람이 뇌를 만드는 것이다

3장 | 힘은 어디에서 오는가? ——— 030
: 지혜는 신의 마음을 읽을 때 얻어진다

4장 | 신의 마음 ——— 036
: 신과 하나가 되는 법을 배워라

5장 | 준비에 돌입하라 ——— 045
: 사리사욕을 버리고 지고의 선(善)을 좇아라. 이기심을 버려라

6장 | 세상을 보는 관점 ——— 051
: 미완성이지만 이 세상이 품고 있는 모든 것은 완벽하다

7장 | 사람을 보는 관점 ——— 061
: 명심하라. 모든 것은 더할 나위 없이 훌륭하다

8장 | 봉헌 —— 066
: '힘의 원천'인 신성한 영혼에 온전히 복종하는 것

9장 | 더 큰 존재와 합일을 이루라 —— 073
: 당신 안에 존재하는 '힘의 원천'이 '신'임을 완벽하게 인지하고 깨닫는 것

10장 | 생각을 형상화하라 —— 079
: 원하는 모습을 생각 형태로 만든 다음 완벽한 이상을 세워라

11장 | 현실화하라 —— 085
: 가족에게 먼저 위대한 방식으로 행동하고 실천하라

12장 | 습관의 힘 —— 093
: 지금 당장, 자신을 무한한 힘을 지닌 존재로 규정하고
그 생각을 습관적으로 하라

13장 | 위대한 생각을 하라 —— 100
: 생각하는 힘은 힘 있는 삶을 만든다
: 위대한 생각은 위대한 사람을 통해 위대한 인격으로 나타난다

14장 | 먼저 가정에서 위대해지라 —— 108
: 당신이 해야 할 옳은 일을 하라.
그리고 가족 역시 그들이 해야 할 옳은 일을 하고 있다고 믿으라

15장 | 집 밖에서도 위대해지라 —— 116
: 당신이 있는 그곳에서 위대한 삶을 살라. 당신이 해야 하는 일을
매일 하면 위대한 일이 반드시 당신을 찾아온다

16장 | 다시, 관점이다 —— 125
: 당신 자신을 긍정적으로 생각하지 않는 한 당신은 결코 위대해질 수 없다

17장 | 생각에 대한 더 많은 생각 ── 130
: 생각만이 당신을 위대하게 만들 수 있다.
그러니 생각하라! 생각하라! 생각하라!

18장 | 위대함에 관한 예수의 생각 ── 138
: 누구든지 으뜸이 되고자 하는 자는 너희 종이 되어야 하리라

19장 | 진화의 관점 ── 146
: 신의 목표는 인류의 영광에 있다

20장 | 신을 섬기라 ── 152
: 신이 당신을 통해 세상에 주고자 하는 바를 드러내는 것이다

21장 | 마음 훈련 ── 161
: 특정 생각을 반복해서 그 생각을 마음속에 습관화하라

22장 | 요약 ── 170

| 서문 |

 이 책은 『부는 어디에서 오는가』 시리즈 중 세 번째이자 마지막 책이다.
 첫 번째 책은 『부는 어디에서 오는가-부의 비밀(The Science Of Getting Rich)』이다. 그 책은 부자가 되고 싶어 하는 사람을 위해 온전히 쓰였다. 고로, 나는 그 책에서 부자가 되는 것을 우선적으로 고려하고 '부'에 관한 철학은 이후에 논했다. 다음으로 다룬 내용은 『부는 어디에서 오는가-건강의 비밀(The Science of Being Well)』이다. 그 책은 건강해지고자 하는 사람들을 위해 쓰였다. 그 또한,

'건강'에 관한 철학적 개념보다 '건강'에 관한 실제적 지침을 필요로 하는 사람들을 위한 것이다. 연작서 중 마지막인 이번 책은 '성공'에 관해 다룬다.

이 책 『부는 어디에서 오는가-성공의 비밀(The Science Of Being Great)』은 나이, 성별을 불문하고 자기 안에 잠재된 가능성의 최대치를 이루어 '최상의 나'를 만나고자 하는 사람들을 위해 쓰였다.

나는 이 책에서 힘과 가능성을 확보하는 방법에 관해 불필요한 미사여구를 동원하지 않고 쉽고 간명하게 기술하려 노력했다. 이 책에 쓰인 내용과 체계가 현실적으로 유용하다고 믿는다. 결코 실패하는 경우가 없을 것이다.

이 책에 담긴 행동 지침을 성실하게 실천한다면 누구라도 그 삶에 강력한 '힘'을 확보할 수 있을 것이다. 이 세상을 만든 지고한 존재의 자녀가 되어 세상의 위대한 존재로 우뚝 서게 될 것이다.

모쪼록, 이 책을 읽은 당신이 위대한 존재가 되길 바라 마지아니한다. 그러나 이 책을 읽기만 해서는 위대한 자질을 키울 수 없다. 당신을 위대하게 만들어줄 힘은 오로지 '생각'이다.

　그러니 생각하라.
　생각하고 또 생각하라!

온 마음을 담아,
월리스 D. 와틀스

| 1장 |
누구라도 위대해질 수 있다

　모든 인간에게는 힘의 원천이 있다. 힘의 원천을 현명하게 사용하고 그것이 인도하는 대로 따르는 사람은 위대한 정신적 능력을 계발할 수 있다. 인간은 원하는 방향이 무엇이든 그대로 성장할 수 있는 본연의 힘을 지녔으며 그 성장의 가능성에 한계란 없다. 어떤 분야에 이제 더는 위대한 능력의 소유자가 없을 것처럼 보이다가도 결국은 더 위대한 사람이 나타나지 않던가? 인간에 품어진 이 모든 가능성은 원천 물질(Original Substance) 속에 존재한다. 인간은 이 원천 물질에서 만들어졌으며 '천재성'은 다름 아닌, 이 물질의 전능함이 인간에게 흘러든 상태를 말한다.

천재성은 재능을 초월하는 개념이다. 재능은 여타 능력에 비해 상대적으로 발달한 하나의 능력일 뿐이다. 천재성은 영혼의 활동으로 인간이 신과 합일을 이룬 결과다. 위대한 사람들은 그들이 이룬 업적, 그 이상으로 위대하다. 그들은 한계가 없는 무한한 힘에 이어져 있기 때문이다. 우리는 인간의 정신력, 그 한계가 어디까지인지 알지 못한다. 과연 그 한계가 있는지조차 알 수 없다.

정신적 성장의 힘은 하등 동물에게는 주어지지 않았다. 오로지 인간만이 그 힘을 지녔으며 인간은 그 힘을 계발하고 확장할 수 있다. 하등 동물의 정신적 힘은 인간에 의해 훈련되고 계발되는 수준에 그친다. 그러나 인간은 자력으로 훈련과 발전이 가능한 존재다. 오로지 인간만이 이런 힘을 지녔으며 나아가 인간은 그 힘을 무한대로 발휘할 수 있다.

나무와 식물이 살아가는 목적이 '성장'에 있듯, 인간 삶의 목적 또한 '성장'이다. 나무와 식물의 성장은 미리 정해진 선을 따라 이루어진다. 인간의 경우는 다르다. 인간은 자기 의지대로 성장할 수 있다. 나무와 식물은 특정 가능성과 특징을 발전시키는 데 그치지만, 인간은 그 어떤 능력이든 계발할 수 있다. 어떤 사람이든, 어느 곳에 있든 가능하다. 정신적으로 가능하다면 육체적으로도 불가능할 일이 없다. 생각으로 가능하다면 행동으로 불가능할 일도 없다. 상상으로 가능하다면 현실에서도 가능하다.

인간은 '성장'을 위해 만들어진 존재이며 그 생에서 성장은 필수 요건이다.

고로, 인간의 행복을 위해 지속적인 발전은 반드시 필요하다.

인간은 발전 없는 삶을 견디지 못한다. 성장을 멈춘 사람은 아둔해지거나 정신적으로 취약해진다. 더 훌륭하고, 더 조화롭고, 더 균형 있게 성장할수록 인간은 더욱 행복해진다.

성장 가능성은 그 누구도 예외 없이 모든 인간에게 주어졌다. 단, 성장 가능성이 똑같이 주어졌다고 해서 성장 방식까지 같거나 비슷하지는 않다. 인간은 저마다 성장을 도모해갈 나름의 선(線)을 갖고 태어난다. 자신의 고유한 선을 따라 성장하는 편이 다른 방식에 의지하는 것보다 훨씬 수월하다. 인간이 저마다 성장하는 방식은 그 수를 셀 수 없을 정도로 다양하고 다채롭다. 정원에 심은 구근과 비슷하다. 같은 화분에 심은 구근은 겉으로 보기에는 똑같지만, 그 성장의 면면은 제각각 다르다. 사람도 마찬가지다. 어떤 사람은 장미로 피어 이 세상의 어두운 구석을 밝게 가꾸는가 하면 또 어떤 사람은 백합으로 피어 사랑과 순결을 전파한다. 어떤 사람은 넝쿨이 되어 바위의 울퉁불퉁한 표면을 덮어주는가 하면, 또 어떤 사람은 거대한 참나무로 자라 새들에게 둥지 틀 가지를 내어주고, 양 떼에게 쉴 그늘을 만들어주기도 한다.

어떤 식이든 인간은 제각각 고귀하고, 가치 있고, 완벽한 무엇이 된다.

주변에서 흔히 보는 보통의 삶 속에도 우리가 상상조차 하지 못한 가능성이 가득 들어차 있다. 고로, 이 세상에 '보통' 사람은 없다. 나라가 위기에 처하면 동네 구멍가게 주인도 주정뱅이도 그 안에 있는 힘의 원천이 깨어나 영웅이 될 수 있다. 인간이라면 누구나 그 내면에 깨어날 순간을 기다리고 있는 힘의 원천이 존재한다. 평범한 인간 안에도 깨어나기를 기다리는 천재성이 깃들어 있다. 위대한 존재는 이 세상 어디에나 있다. 어려움이 닥치면 언제라도 조언을 들려 줄 사람들이 있다. 출중한 지혜와 통찰력을 지녔다고 인정받는 사람들이 있다. 마을이 어려움에 봉착했을 때 마을 사람 모두가 의탁하는 사람이 있다.

바로, 위대한 존재로 일컬어지는 사람들이다. 이들은 작은 일을 위대한 방식으로 수행한다. 물론, 이들은 마음만 먹으면 얼마든지 큰일도 해낼 수 있다. 누구든 이런 존재가 될 수 있다. 당신도 예외가 아니다.

단, 힘의 원천은 우리가 구하는 정도의 힘만 우리에게 준다. 작은 일만 하려 들면 그만큼의 힘만 준다. 그러나 우리가 큰일을 위대한 방식으로 하고자 마음먹으면 그에 필요한 모든 힘을 줄 것이다.

위대한 일을 작은 방식으로 하지 않도록 주의하라. 이에 관해서는 차후 이야기하려 한다.

인간이 취할 수 있는 정신적 태도에는 두 가지 유형이 있다. 하나는 자신을 축구공으로 만드는 태도다. 축구공은 바깥에서 힘이 가해지면 튀어 오르면서 즉각 반응하지만, 스스로 힘을 가하지는 못한다. 결코 자력으로 움직이지 못한다. 축구공의 내면에는 그 어떤 힘도 들어있지 않기 때문이다. 이런 유형의 사람은 환경과 상황에 지배당한다. 이들의 운명은 외부에서 가해지는 힘으로 결정된다. 그 안에 존재하는 힘의 원천이 전혀 가동되지 못한다. 이런 유형의 인간은 안에서 밖을 향해 말하고 행동하지 못한다.

또 다른 유형은 샘솟는 물 같은 태도다. 이런 유형의 인간은 그 중심에서 힘이 뿜어져 나온다. 그 내면에 영원히 마르지 않는 생명 샘을 품고 있다. 이들은 안에서 밖을 향해 힘을 발산한다. 환경에 지배당하는 게 아니라 환경에 의해 고무된다. 그 내부에서 힘의 원천이 끊임없이 활동한다. 이런 태도를 지닌 사람은 스스로 움직인다. 성경에 쓰인 그대로다.

아버지께서 자기 속에 생명이 있음 같이.*

자력으로 행동할 수 있다는 사실보다 인간에게 주어진 더 위대한 선물은 없다. 신은 인간을 창조할 때 인간이 스스로 움직여 그 생을 경험할 수 있도록 설계했다. 환경의 피조물이 아니라 환경의 주인이 될 수 있도록 인간을 설계했다.

★ 요한복음 5:26.

미성숙한 단계의 인간은 기회와 상황 앞에서 아이가 되고 두려움 앞에서 노예가 된다. 모든 행동이 환경이 가하는 자극에 충동적으로 맞대응하는 수준을 벗어나지 못한다. 오로지 외부 자극이 있을 때만 행동하며 주체적으로 행동을 끌어내지 못한다. 그러나 극도로 미성숙한 단계에 있는 인간이라 해도 모든 두려움을 다스릴 충분한 힘을 지니고 있다. 그게 바로 힘의 원천이다. 누구라도 이 지침을 익힌다면 주체적으로 행동할 수 있다. 신과 비슷한 경지에 도달할 수 있다.

　누구라도 내면에 있는 힘의 원천을 깨우면 참된 변화를 경험할 수 있다. 죽음에서 생으로 부활할 수 있다. 예수의 목소리를 듣고 죽은 이가 다시 살아나는 순간과도 같다. 이는 부활인 동시에 생명의 탄생이다. 당신 안의 힘의 원칙을 깨우라. 그리하면 당신은 우주에서 가장 위대한 존재의 자녀가 될 것이요, 천상과 지상의 모든 힘이 당신에게 주어질 것이다.

　당신에게 주어지지 않은 것은 다른 사람에게도 주어지

지 않았다. 영적으로 또 정신적으로 그 누구도 당신이 받은 것 이상의 힘을 부여받지 못했다. 당신이 이룰 수 있는 업적보다 더 위대한 일을 해낸 이는 이 세상에 아무도 없다. 당신은 당신이 원하는 존재가 반드시 될 수 있다.

| 2장 |
유전과 기회

　당신이 위대한 사람이 되는 것과 유전은 아무 관계없다. 당신의 조상이 어떤 사람이었든, 어떤 일을 했든, 얼마나 배움이 짧고 신분이 낮았든 아무 관계없다. 유전과 무관하게, 당신이 성장할 수 있는 길은 얼마든지 열려 있다. 정신적 조건은 그 상태 그대로 대굴림되지 않는다. 부모로부터 물려받은 정신적 자산이 아무리 미미하더라도 당신은 얼마든지 성장할 수 있는 존재다. 이 세상 누구도 성장할 수 없는 무력한 상태로 태어나지 않는다.

물론, 유전이 관여하는 경우는 있다. 사람에게는 타고나는 정신적인 기질이란 게 있기 때문이다. 우울하거나 겁이 많거나 화를 잘 내는 성격 같은 것이 그렇다. 그러나 이런 기질은 모두 극복이 가능한 것들이다. 참된 자아가 깨어나 움직이기 시작하면 정신적 기질은 얼마든지 없앨 수 있다. 잠재적 기질은 당신의 성장을 결코 방해하지 못한다. 혹시라도 유전적으로 바람직하지 않은 기질을 물려받았다면 과감히 없애고 그 자리를 바람직한 기질로 채우면 된다. 유전으로 물려받은 정신적 성향은 사실, 부모의 생각이나 습관이 당신의 무의식에 각인된 결과에 불과하다. 고로, 그와 반대되는 생각과 습관으로 기존에 각인된 내용을 바꾸면 된다. 우울한 기질을 쾌활한 기질로 바꿀 수 있으며 겁 많고 화를 잘 내는 성격도 얼마든지 바꿀 수 있다.

유전이 관여하는 또 다른 경우는 인간의 두개골 형상이 대물림된다는 사실과 연관된다. 골상학을 연구하는 사람들의 주장만큼은 아니어도 이는 어느 정도 주지해

볼 만하다. 그들의 논리대로 인간의 뇌가 영역마다 다른 능력을 발휘한다는 것은 사실이다. 이때, 그 힘의 크기는 해당 영역의 뇌세포 활성도에 따라 달라진다. 그 결과, 뇌의 특정 영역이 발달하면 상대적으로 같은 부위가 덜 발달한 사람보다 큰 능력을 발휘할 수 있다. 그래서 특정 두개골 형상을 지닌 사람이 음악, 예술, 기계 분야에서 재능을 드러내기도 한다.

  한편, 골상학 연구가들은 두개골 형상에 따라 개인 삶의 입지가 결정된다고도 주장하는데 이는 명백한 오류다. 특정 뇌 영역의 크기가 작더라도 해당 영역의 세포가 정밀도와 활동성에서 우세하다면 이야기가 달라진다. 상대적으로 뇌 영역은 크나 세포의 활동성이 떨어지는 사람에 비해 오히려 더 강력한 힘을 발휘할 수 있기 때문이다. 뇌의 어떤 영역이든, 특정 능력을 계발하겠다는 힘의 원천의 의지와 목적의식이 더해지면 그 영역의 뇌세포는 무한대로 증식할 수 있다. 이는 이미 과학으로도 입증된 사실이다.

현재 가진 능력이나 힘, 재능이 아무리 작고 미미하다 할지라도 당신은 그걸 얼마든지 발전시킬 수 있다. 뇌 특정 영역의 세포를 증식시켜 당신이 원하는 만큼 강력한 힘을 발휘할 수 있다. 물론, 지금 단계에서 가장 발달한 능력을 활용하는 것이 행동 면에서는 가장 수월하다. 그 능력을 쓰면 최소의 노력으로 순조롭게 일을 처리할 수 있다. 그러나 당신이 필요한 노력만 들인다면 어떤 재능이든 계발할 수 있는 것 또한 사실이다.

당신은 원하는 걸 할 수 있고, 되고 싶은 존재도 될 수 있다. 이상적인 목표를 정하고 앞에서 제시한 지침대로 실천한다면 당신의 모든 힘은 그 목표 실현에 필요한 능력으로 결집한다. 그 목표 실현과 관련된 뇌 영역에 더 많은 혈액과 신경이 몰려 뇌세포가 기민해지고 또 증식된다.

요컨대, 마음을 제대로 사용하기만 하면 당신은 그 마음이 원하는 대로 뇌를 사용할 수 있게 된다는 뜻이다.

뇌가 사람을 만드는 게 아니다. 사람이 뇌를 만드는 것이다. 당신 삶의 입지는 결코 유전적으로 똑같이 대물림되지 않는다. 더불어, 조건의 열악함이나 기회의 부족 같은 환경적 요인 역시 당신 발을 묶을 수 없다. 당신 안의 '힘의 원천'은 당신의 영혼이 원하는 모든 요구를 들어줄 역량이 충분하다. 당신이 개인적 태도를 올바르게 하고 일어서고자 결심한다면 어떤 악조건도 걸림돌이 될 수 없다. 인간을 창조했으며 인간에게 '성장'이란 목표를 불어 넣어준 '힘의 원천'이 당신을 둘러싼 사회, 산업, 정치적 상황에 영향력을 행사할 것이다. 그 힘은 결코 그런 의지에 반해 역방향으로 가동되지 않는다.

당신 안에 존재하는 '힘의 원천'은 당신 주변의 모든 존재 안에도 있다. 당신이 성장을 위한 노력을 시작하면 주변 모든 것들이 당신에게 유리한 방향으로 재정립된다. 그에 관해서는 이 책의 후반부에서 다룰 것이다.

인간은 성장하도록 창조되었다. 아울러, 이 세상 모든 존재는 인간의 성장을 돕기 위해 설계되었다. 영혼이 깨어나고 성장을 향해 첫발을 내디딘다면 비단 신만이 아니라 자연과 사회, 그리고 다른 사람들까지 당신을 위해 일을 시작한다는 사실을 깨닫게 될 것이다. 당신이 이 책에 제시된 지침들을 따르기만 한다면 세상 모든 존재가 당신의 유익을 위해 힘을 모은다는 사실을 잊지 말라.

가난도 위대함을 이루는 데 걸림돌이 되지 못한다. 가난은 언제든지 물리칠 수 있기 때문이다. 마틴 루터(Martin Luther)는 어린 시절, 빵을 얻으려 길거리에서 노래를 불렀다. 현대 식물학의 시조인 린네(Linnæus)는 수중에 지닌 40달러로 공부를 시작했다. 신발도 직접 고쳐 신어야 했고 친구들에게 끼니를 얻어먹는 경우도 허다했다. 휴 밀러(Hugh Miller)는 석공으로 일하며 채석장에서 지질학 공부를 시작했다. 증기기관차를 발명했으며 현대 토목 공학의 기초를 다진 조지 스티븐슨(George Stephenson)은 연구를 시작할 당시, 탄광에서 일하던 광부였다. 제임스 와트(James Watt)는 몸이 약해 학교도 제대로 다니지 못했다. 에이브러햄 링컨(Abraham Lincoln) 역시 어린 시절 몹시 가난했다. 이 모든 사례에서 우리는 '힘의 원천'을 목격할 수 있다. 모든 악조건과 역경을 딛고 이들을 일으켜 세운 힘이 바로 그것이기 때문이다.

이런 '힘의 원천'이 당신 안에도 존재한다. 당신이 이 힘을 사용하고 특정 방식에 적용하면 당신은 유전적 대물림을 극복하고 상황과 환경을 주체적으로 통제할 수 있게 된다.

그래서 위대한 인간이 될 수 있다.

| 3장 |
힘은 어디에서 오는가?

인간의 뇌와 몸, 정신, 능력, 재능은 인간의 위대함을 드러내기 위한 수단에 지나지 않는다. 인간을 위대하게 만들어주는 요인은 이런 것들이 아니다. 아무리 좋은 두뇌와 바른 정신, 탁월한 능력, 출중한 재능을 갖춘다 하더라도 이 모두를 위대한 방식으로 쓰지 않으면 위대한 사람이 될 수 없다. 능력을 위대한 방식으로 사용하게 해주는 자질이야말로 위대함을 이루는 요체다. 우리는 그런 자질을 가리켜 '지혜'라고 부른다. 지혜는 위대함을 이루는 데 꼭 필요한 초석이다.

지혜는 목표 지점이 어디인지 아는 힘이자 그곳으로 가는 여정에 필요한 최상의 수단이다. 지혜는 목표를 이루기 위해 해야 할 옳은 일을 인지하는 힘이다. 해야 할 옳은 일이 무엇인지 아는 지혜로운 사람, 오로지 옳은 일만 하려는 의로운 사람, 그리고 옳은 일을 할 수 있는 능력과 힘을 지닌 사람이야말로 진정 위대한 사람이다. 이런 사람은 어떤 집단에서든 힘 있는 존재로 인정받고 그만큼 존경받는다.

지혜는 지식을 기반으로 한다. 무지한 상태로는 무엇을 해야 할지 분별할 지혜도, 지식도 기대할 수 없다. 그러나 인간의 지식에는 한계가 있고 더불어 지혜의 수준 역시 그러하다. 그러나 해결 방법은 있다. 자신의 것보다 위대한 지식에 마음을 잇는다면 그로부터 지혜를 끌어낼 수 있다. 그래서 자신의 한계를 뛰어넘을 수 있다. 누구든 이런 일을 할 수 있다. 바로 이것이 진정 위대한 사람들이 해 온 방식이다. 인간의 지식은 제한적이며 불확실하기에 인간은 스스로 지혜를 만들어낼 수 없다.

오직 신만이 우주 만물의 진실을 알고 있다. 오직 신만이 참된 지혜를 지녔기에 신은 모든 순간, 해야 할 옳은 일이 무엇인지 알고 있다. 우리 인간은 신으로부터 그 지혜를 받을 수 있다. 에이브러햄 링컨만 해도 교육을 제대로 받은 사람이 아니었다. 그러나 그에게는 진실을 지각하는 탁월한 능력이 있었다. 링컨의 예를 통해, 우리는 진정한 지혜가 어떤 것인지 분명히 확인할 수 있다. 참된 지혜는 어떤 상황에서도 해야 할 옳은 일이 무엇인지 알고, 옳은 일을 실행할 의지를 품고, 옳은 일을 능히 감당할 재능과 능력을 갖추는 것과 관련된다는 사실을 말이다.

링컨 시대는 노예제도 폐지 논란이 한창이었다. 무엇이 옳은지, 무엇을 해야 하는지 모두가 혼란스러워하는 시기였다. 그러나 링컨은 달랐다. 그에게는 확신이 있었다. 링컨은 노예제도 옹호자들의 가식적인 논점과 노예제 폐지론자들의 비현실적이고 몽상적인 주장을 동시에 꿰뚫어 볼 수 있었다. 그 외에도 링컨은 정확한 목표 지점, 그리고 그곳에 도달하기 위한 최상의 수단도 볼 수 있었다. 당시, 링컨이 대통령으로 선출될 수 있었던 이유는 단순하다. 자신에게 진실을 지각할 줄 아는 능력이 있고 해야 할 옳은 일에 대해 잘 알고 있다는 사실을 대중에게 보여주었기 때문이다. 진실을 지각하는 능력을 계발하는 사람, 해야 할 옳은 일이 무엇인지 늘 알고 있는 사람, 옳은 일을 할 것이란 믿음을 주는 사람은 존경받고 아울러 성장을 이루게 되어 있다. 이 세상은 그런 사람을 간절히 원한다.

대통령이 된 뒤 링컨의 주위에는 소위, 유능하다는 조언자들이 많았지만, 그들은 서로 반목하기 바빴다. 때로 그들은 링컨의 정책에 반대했고 북부 의회 전체가 링컨의 제안에 반기를 들기도 했다. 모두가 피상적인 문제에 현혹될 때 링컨만은 보이지 않는 진실을 보았다. 링컨의 판단은 거의, 아니, 한 번도 잘못된 적이 없었다. 링컨은 누구보다 유능한 정치가인 동시에 당대 최고의 전략가였다. 제대로 된 교육도 받지 못한 링컨이 어디서 그런 지혜를 얻었을까? 그의 두개골 구조가 특이하다거나 뇌 조직이 특별히 정교해서가 아닐 것이다. 어떤 신체 특징 때문도 아니고 그의 논리력이 탁월하다거나 정신력이 남달라서도 아니었다.

인간의 논리력만으로 진실을 알아보는 지식에 늘 닿을 수 있는 것은 아니다.

링컨이 위대했던 이유는 영적 통찰력 때문이었다. 링컨에게는 진리를 알아보는 능력이 있었다. 그런데 그런 지각력은 어디에서 오는가? 조지 워싱턴에게도 비슷한 능력이 있었다. 그 역시 믿음과 용기를 기반으로 진실을 지각할 수 있었다. 그래서 그 길고 가망 없어 보이는 시민혁명을 치러내고 흩어진 식민지를 결집할 수 있었다. 우리는 남다른 천재성을 발휘했던 나폴레옹에게서도 비슷한 능력을 찾아볼 수 있다. 그는 전쟁에 임할 때 자신이 취해야 할 최선책이 무엇인지 언제나 간파하고 있었다.

우리는 나폴레옹의 위대함을 그의 내부가 아니라 외부에서 찾을 수 있다. 링컨과 조지 워싱턴, 나폴레옹 뒤에는 그들보다 더 위대한 무엇인가가 있었다. 이 세상 모든 위대한 인물에게 공통으로 보이는 점이 있다. 바로, 그들이 진리를 지각한다는 사실이다. 진실을 지각하기 위해서는 먼저, 진실이 존재해야 한다. 이때, 진실은 그게 진실임을 지각하는 마음이 있어야 존재할 수 있다. 진실은 결코 정신과 별개로 존재하지 않는 그 무엇이다. 워싱턴, 링컨, 나폴레옹은 세상의 모든 지식을 아는 하나의 정신, 동시에 모든 진실을 품은 하나의 정신과 접촉하고 소통했다. 바로 이것이 참된 지혜를 드러낼 줄 다는 사람들이 하는 일이다.

그렇다. 지혜는 신의 마음을 읽을 때 얻어지는 것이다.

4장
신의 마음

 이 세상에는 만물 안에 존재하고 만물마다 스며있는 '우주적 지성(Cosmic Intelligence)'이 있다. 우주적 지성은 단 하나의 참된 물질이다. 우주 만물은 이 물질에서 시작되었다. 이것은 생각하는 물질이자 마음의 질료이다. 바로, 신(神)을 말한다.

 물질적 실체 없이는 생각도 존재할 수 없다. 물질적 실체가 없다면 존재도 없기 때문이다. 생각이 있는 곳에는 그 생각을 하는 물질이 선행되어야 한다. 생각은 기능이 될 수 없다. 기능은 운동이다. 단순한 운동만으로 생각이 이루어질 수 없다. 생각은 진동일 수도 없다. 진동 역시 운동이며, 운동은 지적인 생각을 할 수 없다. 운동은 물질의 움직임에 불과하다.

지력이 발휘되었다면 그곳에는 운동이 아닌 물질이 존재한다고 보아야 한다. 생각은 뇌 속에서 일어나는 운동의 결과가 아니다. 만약 생각이 뇌 속에 있다고 한다면 뇌 속 물질의 운동이 아닌 그 물질 속에 있다는 뜻이다.

그러나 생각은 뇌 속 물질 안에 있지도 않다. 왜냐하면 뇌 물질은 생명력이 없기 때문이다. 뇌 물질은 지력도 생명도 없다. 생각은 뇌를 움직이는 생명의 원천 안에 있다. 그것은 영적 물질이며 그 현신이 바로 우리 인간이다. 뇌는 생각하지 않는다. 인간이 생각한다. 인간이 생각하고 생각을 뇌를 통해 드러내는 것이다.

여기, 생각하는 영적 물질이 있다. 한 인간의 영적 물질이 그 몸에 스며들어 몸 안에서 생각하고 인식하듯, 원천의 영적 물질(Original Spirit Substance)인 신도 자연에 스며들어 자연 안에서 생각하고, 인식한다. 인간과 마찬가지로 자연도 지력을 갖추고 있다. 자연은 인간보다 많은 것을 안다. 아니, 자연은 모든 것을 알고 있다.

이 모든 마음(All-Mind)은 태초부터 만물과 접촉해 왔고, 그렇기에 그 안에 모든 지식이 담겨 있다. 인간은 그중 일부를 경험하고, 그렇게 경험한 것을 아는 정도다. 그러나 신은 창조 이래로 일어난 모든 일을 경험한다. 행성이 파괴되고 혜성이 지나가는 것부터 참새 한 마리가 추락하는 것에 이르기까지, 신은 가히 모든 걸 경험한다.

모든 마음에는 지금까지 존재했고 또 지금 존재하는 모든 것이 담겨 있다. 그게 사방에서 우리를 둘러싸고 있다. 우리를 펼치고 있다. 우리를 지그시 누르고 있다.

지금껏 인간이 쓴 백과사전을 죄 끌어모아 한데 합친들 모든 마음이 품은 광대한 지식에 비하면 미미한 수준에 지나지 않는다. 우리 인간은 그런 존재 안에서 살고, 움직인다. 나아가 그 존재를 갖는다.

영감을 통해 인간이 지각하는 진실은 바로 이 모든 마

음 안에 깃든 생각이다. 그 생각이 없다면 인간은 진실을 지각할 수 없다. 진실 자체가 존재하지 않을 것이기 때문이다. 또, 생각을 품는 마음이 없어도 진실은 생각으로 존재할 수 없다.

인간은 생각하는 물질이며, 우주적 지성의 일부이다. 인간은 제한적인 존재이나 예수가 '아버지(Father)'라 부르는 우주적 지성은 무한한 존재이다. 우주의 모든 지성, 힘, 동력은 바로 이 존재에서 나온다. 예수는 이를 인지했으며 자신이 인지한 사실을 사람들에게 쉽게 설명했다. 예수는 이 지고의 존재와 교류하며 끊임없이 지혜와 힘을 구했다. 신의 생각을 지각하기를 원했다.

나와 아버지는 하나이니라.*

이것이 바로 예수의 힘과 지식의 근원이었다. 예수는

---

* 요한복음 10:30.

영적 각성의 필요성을 인간에게 설파했다. 신의 목소리를 들으면 그처럼 될 수 있다고 했다. 생각하지 않고 상황에 굴복하는 사람을 무덤 속에서 죽어 있는 자에 비유하며 예수는 끊임없이 듣고 부단히 깨어나기를 독려했다.

예수는 이렇게 말했다.

하나님은 영이시니, 사람이 거듭나지 아니하면 하나님의 나라를 볼 수 없느니라.*

내가 너희에게 이른 말은 영이요 생명이라.**

내가 주는 물을 마시는 자는 영원히 목마르지 아니하리니 내가 주는 물은 그 속에서 영생하도록 솟아나는 샘물이 되리라.***

---

* 요한복음 3:3.
** 요한복음 6:63.
*** 요한복음 4:14.

예수는 신의 생각을 읽는다는 것과 관련해 이리 말한다.

아들이 아버지께서 하시는 일을 보지 않고는 아무것도 스스로 할 수 없나니 아버지께서 행하시는 그것을 아들도 그와 같이 행하느니라.*

사람이 하나님의 뜻을 행하려 하면 진리를 알게 되리라.**

내 교훈은 내 것이 아니요 나를 보내신 이의 것이니라.***

진리를 알지니 진리가 너희를 자유롭게 하리라.****

---

* 요한복음 5:19.
** 요한복음 7:17.
*** 요한복음 7:16.
**** 요한복음 8:32.

진리의 성령이 오시면 그가 너희를 모든 진리 가운데로 인도하시리니.*

우리는 지고의 마음 안에 스며있다. 그 마음은 모든 앎과 모든 진리를 품고 있다. 신이 그 자녀들에게 좋은 선물을 아낌없이 베풀었듯, 신의 마음은 우리에게 그 아는 바를 나눠줄 길을 부단히 모색한다. 과거에도 현재에도 예언자와 선지자, 그 외 모든 위대한 이들은 사람의 가르침이 아니라 신에게서 받은 지혜로 위대함을 이룬 것이다. 무제한으로 준비된 이 위대한 지혜와 힘의 공급원이 당신에게도 열려 있다. 당신은 필요한 만큼 얼마든지 이 무한의 지혜와 힘을 꺼내 쓸 수 있다.

그래서 당신이 원하는 존재가 될 수 있다.

당신이 원하는 것을 할 수 있다.

당신이 원하는 것을 가질 수 있다.

---

* 요한복음 16:13.

그러기 위해 당신은 신과 하나가 되는 법을 배워야 한다. 그래야 진리를 지각할 수 있다. 그래야 지혜를 품을 수 있다. 정확한 목표 지점을 찾을 수 있다. 그곳에 도달할 수 있는 최상의 수단을 간파할 수 있다. 그 수단을 사용하는 데 필요한 힘과 능력을 키울 수 있다.

이 장을 마치는 지금, 당신이 모든 걸 미루어두고 우선, 신과 정신적 합일을 도모하는 일에 집중하기로 결심하길 바란다.

아, 숲속의 내 집에 편안히 있노라니
그리스와 로마의 오만함이 무색해지네
저녁별 신성한 빛을 비출 때
소나무 아래 느긋이 기대앉으면
인간의 알량한 지식과 자만심,
그리고 궤변을 배워 유식한 체하는 족속들을
비웃게 된다네
나 이리 숲속에서 신과 함께 있다면

저들이 제아무리 우쭐해한들 무슨 상관 있으리.*

---

* 랄프 왈도 에머슨의 시 '이젠 떠나리(Good-Bye)' 중에서.

| 5장 |
준비에 돌입하라

하나님을 가까이하라. 그리하면 너희를 가까이하시리라.*

신의 마음을 닮는다면 신의 생각을 읽을 수 있게 된다. 신의 마음을 닮지 않으면 영적으로 진실을 지각할 수 없다.
 불안이나 걱정, 두려움을 극복하지 못한 상태에서는

---

* 야고보서 4:8.

결코 위대한 인간이 될 수 없다. 불안한 사람, 걱정이 많은 사람, 두려움에 떠는 사람은 진실을 지각할 수 없다. 이런 심리 상태에 놓인 사람 눈에는 모든 게 왜곡돼 보여 세상 무엇과도 적절한 관계를 맺을 수 없다. 이런 상태로는 결코 신의 생각을 읽을 수 없다.

물질적 여유가 없다면, 그래서 사업 문제나 경제적인 문제로 불안한 상태라면 이 시리즈의 첫 책인 『부는 어디에서 오는가-부의 비밀(The Science of Getting Rich)』[*]을 살펴보기를 권한다. 아무리 심각하고 복잡한 재정 문제에 봉착해 있더라도 적절한 해결책을 찾을 수 있을 것이다. 재정 문제는 조금도 걱정할 필요가 없다. 원하는 일을 하려는 의지가 있다면 누구든 필요한 모든 것을 손에 넣고 부자가 될 수 있다. 당신에게서 정신적 능력과 영적 힘을 끌어내고자 가동된 '힘의 원천'이 당신의 물질적 필요도 채워줄 것이기 때문이다.

---

[*] 더스토리 출판사에서 한글 번역서가 출간됨.

이 진실을 새기고 또 새기라. 그것이 당신의 생각 속에 각인될 때까지, 당신 마음속에서 모든 불안이 사라질 때까지 새기고 또 새기라. '특정 방식(Certain Way)'*대로 행하라. 그렇게 하면 물질적인 부가 당신을 찾아올 것이다.

거듭 말하는 바이다. 혹시 건강 상태가 좋지 못해 불안 속에 있다면 당신이 원하는 전부를, 아니, 그 이상을 이룰 완벽한 건강을 얻을 수 있다는 사실을 깨달아야 한다. 당신에게 부(富)와 더불어 영적·정신적 힘을 주려 하는 우주적 지성이 기꺼이 건강도 선사해 줄 것이다. 당신이 구하기만 한다면, 그리고 삶의 단순한 법칙을 따르고 올바르게 산다면 완벽한 건강이 당신을 찾아올 것이다. 그러니 두려움을 물리치라.

단, 재정 문제나 건강 문제에 대한 걱정을 떨치는 것만으로는 충분하지 않다. 도덕적으로 그릇된 행동도 근절해야 한다. 올바른 생각을 하고 올바른 동기를 찾아야 한

---

* 본 연작서의 첫 책인 『부는 어디에서 오는가-부의 비밀(The Science of Getting Rich)』에서 저자가 사용한 용어로 '부자가 되는 행동 양식'을 말함.

다. 모든 욕망을 버려야 한다. 식욕에 지배당하는 대신 식욕을 다스려야 한다. 허기를 채우기 위해 먹어야지 즐거움을 위해 먹어서는 안 된다. 당신의 몸을 정신이 다스리게 해야 한다.

욕심을 내려놓아야 한다. 부유해지고 힘 있는 사람이 되려는 염원에 무가치한 동기가 개입되어서는 안 된다. 부자가 되고 싶어 하는 마음은 정당하고 옳은 일이다. 단, 그 목적은 영혼을 충족시키는 것이 되어야 한다. 결코 육체적 욕구를 충족시키는 것이 목적이 되어서는 안 된다.

자만심과 허영심을 버려라. 다른 사람을 지배하거나 그들을 이기려는 생각을 버려라. 이는 당신이 반드시 명심해야 할 태도다. 다른 사람을 지배하려는 이기적인 욕망만큼 질긴 유혹도 없다.

길거리를 지날 때 '주인님(Master)'*이라는 호칭과 함께 깍듯이 인사받는 것만큼 달콤한 유혹도 없다. 타인을 통

---

* 이 책은 100년 전에 쓰였다.

제하고 싶어 하는 마음은 이기적인 사람이나 품는 미성숙한 동기다. 다른 사람 위에 군림하려 기를 쓰는 것은 경쟁 사회에서 흔히 나타나는 전투 양상이다. 당신은 그런 속된 동기와 욕망을 뛰어넘어야 한다.

시기심을 버려라. 당신은 원하는 모든 걸 가질 수 있다. 다른 사람이 가진 것을 부러워할 필요도, 질투할 필요도 없다. 그리고 그 무엇보다, 누구에게라도 적의나 원한을 품지 말라. 그런 마음을 품으면 당신이 원하는 걸 품고 있는 지고의 마음으로부터 멀어지게 된다.

> 누구든지 하나님을 사랑하노라 하고 그 형제를 미워하면 이는 거짓말하는 자니 보는바 그 형제를 사랑치 아니하는 자가 보지 못하는바 하나님을 사랑할 수가 없느니라.*

---

* 요한일서 4:20.

편협한 사리사욕은 털어내고 지고의 선(善)을 좇기로 다짐하라. 얄팍한 이기심에 휘둘리지 않기로 결심하라.

당신의 마음에서 앞서 언급한 모든 유혹을 하나씩 제거해 나가라. 그와 동시에, 악한 생각뿐 아니라 당신의 숭고한 목표에 부합하지 않는 행동과 습관도 버리기로 결심하라. 이는 무엇보다 중요하므로 모쪼록, 당신 영혼의 모든 힘을 동원해 이를 지키라. 그렇게 하면 당신은 위대함으로 가는 다음 단계의 준비를 마친 셈이다. 위대함으로 가는 다음 단계는 다음 장에서 다루고자 한다.

| 6장 |

세상을 보는 관점

믿음 없이는 신을 기쁘게 할 수 없다.

믿음 없이 당신은 결코 위대해질 수 없다. 모든 위대한 사람에게서 목격되는 뚜렷한 특징 중 하나가 바로, 흔들리지 않는 믿음이다. 남북 전쟁이란 암울한 시기를 버티어 내야 했던 에이브러햄 링컨이 그랬고, 미국 독립전쟁을 이끈 조지 워싱턴이 그랬다. 혐오스러운 노예무역의 실상을 온 세상에 알리기 위해 미로처럼 암담한 대륙을 누비고 다닌 선교사 리빙스턴이 그랬다. 마르틴 루터가 그랬으며 프란시스 윌라드*가 그랬다. 전 세계에 걸쳐 위대한 인물로 이름을 올린 모든 인간이 그랬다. 여기서 말하는 '믿음'이란 한 개인의 믿음이나 힘을 뜻하는 게 아니라 원천의 마음에 담긴 믿음을 말한다. 전적으로 의로우면서 머지않아 우리에게 승리를 가져다주리라 확신하는 믿음을 말한다. 이런 믿음이 없다면 그 누구라도 참된 위대함을 이룰 수 없다. 원천의 마음에 대한 믿음이 없는 사람은 언제나 작은 존재로 머물 수밖에 없다.

이런 믿음을 확보하느냐 못 하느냐의 여부는 세상을 보는 당신의 관점에 달려있다. 당신은 이 세상을 발전의 법칙에 준거해 보는 법을 배워야 한다. 이 세상은 완성된 상태가 아니라 부단히 변화를 거듭하는 중이며 어떤 모습으로 되어가는 과정에 있다. 수백만 년 전, 신은 단순한 하등 생명체를 만들었다. 하등 생명체는 그 나름대로 완벽했다. 시간이 흐르면서 하등 생명체는 점점 복잡한 고

---

* Francis Willard(1839-1898): 현대 여성 운동의 창시자.

등 생명체로 발전했고 그 결과 동물, 식물 등이 출현했다. 세상은 차근차근 단계를 밟아가며 변모를 거듭했다. 각 단계는 나름대로 완벽했기에 더 높은 단계가 계속해서 뒤를 이을 수 있었다.

이때, 소위 '하등 생명체'라는 것도 이후 나타난 고등 생명체만큼 완벽했다는 사실을 주지할 필요가 있다. 원시 시대도 그 단계 나름으로는 완벽했다. 원시 시대도 완벽한 세상이었으나 그렇다고 신이 일하기를 멈추지는 않았다. 지금의 세상도 마찬가지다. 물리적으로, 사회적으로, 산업적으로 모든 게 훌륭하고 모든 게 완벽하다. 구석구석 모든 부분이 완성되지는 않았지만, 어쨌든 지금까지 신이 해 온 일은 모두 완벽하다.

이것이 바로, 세상을 보는 당신의 관점이어야 한다. 아직 완성되지는 않았으나 이 세상 그리고 이 세상이 품고 있는 모든 것은 완벽하다.

고로, 이 세상에는 아무것도 잘못된 게 없다. 이 세상에는 아무도 잘못된 사람이 없다. 당신은 이런 관점으로 당신 삶에서 일어나는 모든 현상을 바라보아야 한다.

자연은 그 무엇도 잘못된 게 없다. 자연은 모든 생명체의 행복을 위해 도움되는 방향으로 발전을 거듭해가는 위대한 존재다. 자연 속에 존재하는 모든 생명체는 선하다. 자연계에는 악이 없다. 자연은 아직 완성되지 않았다. 창조는 여전히 미완의 상태. 그러나 자연은 이전보다 더 많은 것을 우리에게 선사할 것이다. 자연은 신의 일부가 드러난 것이며 신은 사랑이다. 자연은 완벽하며 다만 완성되지 않았을 뿐이다.

우리의 사회와 정부도 마찬가지다. 지금 이 세상에는 자본 독점, 파업, 직장 폐쇄 같은 일이 연이어 발생한다. 이 모든 일 역시 앞으로 나가기 위한 움직임이다. 사회가 완성되어가는 발전 과정에서 자연히 빚어지는 현상이다. 사회가 완성될 때 조화도 이루어질 것이다. 혼란 없이 완성이 있을 수 없다. 파충류의 시대에 기기묘묘한 동물들이 다음 시대를 위해 필요했듯, J. P. 모건(J.P. Morgan) 같은 인물 또한 미래의 사회 질서를 위해 필요하다. 그 옛날 기기묘묘한 동물들이 그 시대, 그 단계에서 나름대로 완벽했듯, J. P. 모건도 이 시대 이 단계에서 나름대로 완벽하다.

세상 모든 것은 더할 나위 없이 훌륭하다. 당신은 현재의 정부와 산업이 완벽한 상태라고 보아야 한다. 동시에, 빠른 속도로 '완성'을 향해 발전하고 있다고 보아야 한다. 고로, 당신은 세상에 아무것도 두려워할 게 없다는 말의 의미를 이해할 것이다. 걱정하고 불안해할 필요도 없음을 알게 될 것이다. 무엇에 대해서든 아무것도 불평하지 말라. 세상 모든 것은 완벽하다. 우리 인간이 도달한 '지금'이란 발전단계는 그 나름대로, 더할 나위 없이 완벽한 세계다.

물론, 이 모든 이야기를 쉽게 수긍하기 힘들 것이며 이런 의문을 제기할 것이다.

"불결하고 비위생적인 공장에서 어린아이들마저 노동

에 시달리고 있는데 잘못된 게 없다는 말인가요? 그게 악하지 않다는 말인가요? 이 모든 걸 자연스레 받아들이고 훌륭하다고 인정하란 말인가요?"

원시인이 동굴에서 살던 시절의 생활방식이나 습성을 악하다고 말할 수 있는가? 마찬가지로 아동 노동 같은 현실도 나쁘다고만 할 수 없다. 발전의 측면에서 보면 그 옛날 원시인의 생활방식은 야만성이 다분했다. 그러나 그 또한 그 단계의 기준에서는 완벽한 것이었다. 그 나름대로 훌륭했다. 오늘날 우리 사회에서 빚어지는 일련의 현상도 사회 발전 면에서 보아 원시적 단계에 있어 그렇다고 볼 수 있다. 고로 그 단계 나름대로 완벽하다.

작금의 사회가 더 발전하려면 우리가 '정신적 원시 단계'를 넘어서야 한다. 인류 전체가 더 고매한 관점으로 올라서야 한다. 이는 더 고매한 관점으로 올라서고자 결심하는 사람들이 많아질 때만 가능한 일이다. 그렇다면 지금 우리 사회의 모든 부조화를 해결할 열쇠는 사장이나 공장주가 아니라 우리 노동자들 손에 들려있다고 볼 수 있다.

우리가 더 고매한 관점으로 올라서면, 또 그런 결심을 하는 사람이 많아지면 지금의 산업계에 조화로움과 유대감의 기틀을 마련할 수 있다. 사람 수가 늘어나면 그만큼 힘이 생긴다. 힘이 생기면 원하는 것을 손에 넣을 수 있다. 더 고매하고, 더 순수하고, 더 조화로운 삶의 방식이 확보되면 우리 인간은 더 많은 걸 원해도 그만큼 더 많이 가질 수 있다. 지금도 인간은 더 많은 걸 원하고 있다.

그러나 인간이 더 많이 원하는 것은 동물적 쾌락을 충족시킬 것들 뿐이다. 오늘날의 산업계가 야만적이고 잔인하기 짝이 없는 동물적 단계에 머물러 있는 이유가 그 때문이다. 우리 노동자들이 지금의 정신적 단계를 뛰어넘어 마음과 영혼에 기쁨을 안겨 줄 더 많은 것을 찾는다면 지금의 산업계도 야만적이고 잔인한 단계를 당장이라도 넘어갈 수 있다. 물론, 지금 단계도 지금 나름으로 완벽하며 모든 게 더할 나위 없이 훌륭하다.

사람 대부분이 선술집을 원한다면 그들이 선술집을 갖

는 것은 나름대로 옳고 또 필요한 일이다. 사람 대부분이 선술집 없는 세상을 원한다면 그들 손으로 그런 세상을 만들 것이다. 사람들이 야만적인 생각을 하는 단계에 머물러 있으면 사회 체계의 어느 부분이 야만적 양상을 띠게 마련이고 사회는 결국 그 야만성을 드러내게 된다. 어떤 사회의 모습은 그 사회를 이룬 사람이 만든다. 고로, 사람들이 야만적인 생각을 뛰어넘으면 그 사회는 야만성을 뛰어넘어 그 결과를 드러낼 것이다. 그러나 야만적 방식으로 생각하고 그래서 선술집을 필요로 한다 해도 그 사회 역시 그 단계 나름으로 완벽하다. 원시 시대의 세상도 그 단계 나름으로 더할 나위 없이 훌륭했듯이 말이다.

그러니 사회 양상도 당신이 더 좋은 것을 얻고자 애쓰는 일에 걸림돌이 되지 못한다.

당신이 할 일은 썩어 문드러진 이 사회를 개조하는 게 아니라 미완 단계의 사회를 완성하기 위해 힘쓰는 것이 되어야 한다. 이때 더 선한 의지, 더 큰 희망에 찬 영혼이 필요하다. 지금의 사회를 더 나은 곳을 향해 나아가는 '좋은' 무엇으로 보느냐, 썩어드는 '나쁜' 무엇으로 보느냐의 관점 차이는 당신의 믿음과 영혼을 위해 대단히 중요하다. 전자의 관점은 당신의 정신과 영혼을 발전시키고 확장하는 반면, 후자의 관점은 당신의 정신과 영혼을 퇴보시키고 소멸하려 들 것이다.

전자의 관점은 당신을 더 큰 존재로 성장시키고, 후자의 관점은 당신을 더 작은 존재로 위축시킬 것이다. 전자의 관점은 당신이 영원한 것을 바라볼 수 있게 도울 것이다. 조화롭지 못한 이 미완의 세상을 완성하기 위해 위대한 방식으로 큰일을 하게 할 것이다. 반면, 후자의 관점은 당신을 일개 수선공으로밖에 만들지 못한다. 당신은 그 어떤 희망이나 기약도 없이 그저 잃어버린 몇 영혼을 구제하고자 암담하고 암울한 세상만 생각하며 살게 될지도 모른다.

사회를 바라보는 관점이 얼마나 엄청난 차이를 만드는지 깨달았을 것이다.

이 세상 모든 것이 올바르다. 아무것도 잘못되지 않았다. 다만 내 개인적인 태도의 문제일 뿐이다. 나는 이제부터 그것을 바로잡을 것이다. 자연 현상과 이 세상 모든 사건, 상황, 사회 조건, 정치, 정부, 산업계를 가장 높은 차원의 고매한 관점에서 바라볼 것이다. 아직 미완의 상태이나 이 세상 모든 것은 완벽하다. 모두가 신의 손으로 빚어낸 작품이다. 보라, 모든 것이 더할 나위 없이 훌륭하다.*

---

* 본 연작서의 첫 책인 『부는 어디에서 오는가-부의 비밀(The Science of Getting Rich)』(더스토리 출판사에서 번역서 출간)에서 인용.

| 7장 |
사람을 보는 관점

　세상을 바라보는 관점이 중요하듯 동료, 지인, 친구, 친척, 가족을 바라보는 관점도 중요하다. 무엇보다 당신 스스로 자신을 바라보는 관점이 중요하다. 당신은 이 세상을 소멸되고 썩어들어 가는 대상으로 볼 것이 아니라, 이상적인 완성의 상태로 나아가는 영광스럽고 완벽한 무엇으로 보아야 한다.

　마찬가지로 인간을 불운하고 암울한 존재가 아닌 완성을 향해 발전하는 완벽한 존재로 보아야 한다. 이 세상에는 나쁜 사람도 악한 사람도 없다. 철로 위를 달리는 기차를 보라. 그 무거운 기차를 끌고 가는 증기 동력은 그 나름대로 훌륭하다. 선로가 중간에 끊겨 기차가 도랑으로 빠지는 경우도 엔진이 나쁘거나 악해서 선로를 벗어났다고 볼 수 없다. 비록 탈선했지만 증기 동력은 완벽하게 훌륭했다.

기차가 도랑에 빠져 망가졌다고 그 기차의 증기 동력을 악하다고 탓할 수는 없다. 증기 동력은 완벽하게 훌륭하다. 마찬가지로 우리가 잘못된 장소에 놓이거나 불완전한 상태에 개입된 이유도 누가 악해서가 아니다. 이 세상에 악한 사람은 없다. 모두 완벽하게 훌륭하다.

다만 우리는 선로를 벗어났을 뿐이다. 그로 인해 비난이나 벌을 받을 필요는 없다. 우리는 그저 다시 선로 위에 올라가면 된다.

우리는 미완이거나 불완전한 상태에 있는 것들을 무조건 악하게 보려는 경향이 있다. 우리가 그리 생각하도록 자신을 길들였기 때문이다. 언젠가는 새하얀 백합을 피우게 되어 있지만, 당장 눈앞에 놓인 구근의 모습은 완벽하지 않다. 오히려 혐오스럽기까지 하다. 그게 백합을 품고 있다는 사실을 알면서도 지금의 외양만으로 구근을 나쁘게 말한다면 얼마나 어리석은 일인가? 구근은 그 나름대로 완벽한 존재다. 구근은 완벽하나 채 완성되지 않은 백합일 뿐이다.

사람을 대할 때도 이렇게 보는 법을 배워야 한다. 아무리 추한 외모를 지녔다 해도 사람은 누구든 그 나름의 단계에서 완벽하며 완성을 향해 나아가고 있는 존재다.

명심하라. 모든 것은 더할 나위 없이 훌륭하다.

이 모든 원리를 이해하고 올바른 관점을 확보한다면 다른 사람에게서 단점을 찾고, 다른 사람을 판단하고, 다른 사람을 비난하려는 욕망 따윈 저절로 사라진다.

그렇게 되면 우리는 더는 길 잃은 뭇 영혼을 구제하려 전전긍긍할 필요가 없다. 그 대신 우리는 천사들 사이에서 영광스러운 천국을 완성해가는 역할을 맡게 된다. 신성한 영을 입어 새롭게 태어나고 하나님 왕국을 보게 된다. 이제 우리 눈에 비치는 사람들은 더는 걸어 다니는 나무로 보이지 않는다. 우리의 비전이 완벽해졌기 때문이다.

우리는 좋은 말 외에는 할 말이 없어진다. 모든 게 더할 나위 없이 훌륭하다. 우리는 찬란하게 빛나는 인류애가 완성되는 단계로 다가든다. 사람과 사람 사이를 잇는 단단한 유대감에 힘입어 우리의 마음은 가없이 넓어진다. 우리 눈에 보이는 사람 모두 위대하다. 사람을 이런 관점에서 보기 시작하면 당신은 주변 사람들을, 또 그들이 처한 문제를 위대한 방식으로 대할 수밖에 없다.

이와 달리 사람을 불운하고 오염된 존재로 백안시하는 관점으로 바라본다면 그 마음은 용렬하게 움츠러들 것이다. 자연히 그 사람들과 그들이 처한 문제를 편협하고 옹졸한 방식으로 대하기 마련이다. 앞서 말한 관점을 꾸준히 견지하라. 당신의 이웃, 지인, 가족을 위대한 방식으로 대하라. 그들을 위대한 인격체로 대하라. 나아가, 당신 자신을 대할 때도 같은 관점을 적용해야 한다. 그래서 자신을 항상 발전을 거듭하는 위대한 존재로 바라보아야 한다.

　스스로 이렇게 말하는 법을 배우라.

　내 안에는 나를 만드신 그분이 계신다. 그분께 미완은 없다. 약함도 아픔도 없다. 이 세상은 미완의 상태다. 그러나 내 의식 속 그분은 완전하고 온벽하다. 아무것도 잘못된 건 없다. 모든 것은 오로지 나의 개인적 태도에 달렸다. 내 안에 거하는 그분의 뜻을 따르지 않는다면 내 개인적 태도는 잘못될 수 있다. 지금까지 내가 이룬 내 모습은 그분의 완벽한 증거이다. 나는 완성을 향해 나아갈 것이다. 그것을 믿어 의심치 않기에 내게 두려움 따윈 없다.

　이 말의 의미를 충분히 이해하고 그만큼 이 말을 자신 있게 말할 수 있다면 당신 안에서 모든 두려움이 자취를 감출 것이다. 더불어, 위대하고 힘 있는 존재가 되기 위해 나아가는 당신의 발걸음이 큰 도약을 이룰 것이다.

| 8장 |

봉헌

 이제 당신은 이 세상과 또한 사람들과 올바른 관계를 맺을 수 있는 관점을 확보했다. 그렇다면 다음에 당신이 해야 할 일은 '봉헌(consecration)'이다. '봉헌'은 신성한 영혼에 온전히 복종하는 일을 말한다. 신성한 영혼은 당신 안에 존재한다. 신성한 영혼이 당신을 위로 끌어 올려주고 앞으로 나아가도록 밀어준다.

 신성한 영혼은 바로 '힘의 원천'이다. 당신은 한 치의 의심 없이 힘의 원천에 순종해야 한다. 위대해지고자 한다면 결코 그 힘을 거부해서는 안 된다. 위대함은 당신 내면의 가장 고매하고 가장 위대한 무엇인가가 밖으로 드러나는 '발현(manifestation)'이기 때문이다. 그것은 정신도, 지성도, 이성도 아니다. 힘의 원천을 등한시하고 이성의 힘만 내세운다면 그 누구도 위대함을 이룰 수 없다. 이성은 힘의 원천이나 절대 도덕에 관해 별로 아는 게 없기 때문이다.

어느 한쪽에 유리한 주장만 한다는 점에서 당신의 이성은 변호사와 비슷하다. 도둑은 강도질과 살인 계획을 세울 때 이성의 힘을 빌린다. 성인도 다른 사람을 위해 자비로운 일을 행할 때 이성의 힘을 빌린다. 이성은 저마다 옳다고 생각하는 일을 할 때 적합한 수단과 방법을 보여줄 뿐이다. 이성은 결코 옳은 것을 보여주지는 않는다.

지성과 이성은 이기적이지 않은 인간의 이기적이지 않은 목적을 위해 동원되듯, 이기적인 인간의 이기적인 목적을 위해서도 동원된다. 힘의 원천을 도외시하고 지성과 이성을 사용한다면 꽤 유능한 인간으로 비칠 수 있을

지는 모르나 진정으로 위대한 사람으로 존중받지는 못할 것이다.

인간의 지성과 이성의 힘을 이용하는 훈련법은 숱하게 많다. 그러나 내면의 영혼에 순종하는 훈련법을 찾아보기는 힘들다. 당신의 태도에 오류가 빚어질 여지가 있다면 그 유일한 이유는 '힘의 원천'에 순종하지 않아서일 공산이 크다.

당신 내면의 중심으로 돌아가라. 그러면 당신이 맺는 모든 관계를 위해 무엇이 옳은지 가르쳐주는 순수한 생각을 만날 수 있을 것이다. 힘과 위대함을 얻기 위해 당신이 할 유일한 일은 당신의 위대한 내면에 깃든 그 순수한 생각을 찾아내 거기에 당신의 삶을 맞추는 것이다. 이 과정에서 당신이 가진 힘을 내놓는 대가가 필요할 수 있다.

이 점을 반드시 기억해야 한다. 당신 안에는 이제껏 당신이 키워온 갖가지 생각들이 무성하게 자리 잡고 있다. 그 모든 생각은 습관이 되어 당신이 하는 행동을 지배한다. 당신이 그리하도록 허용하고 있기 때문이다. 이제는 그것을 멈추어야 한다. 당신 안의 무성한 생각들, 그 싹을 잘라내야 한다. 당신 안에는 바람직하지 못한 관습, 규범 등이 어지럽게 널려 있다. 그 모든 게 당신을 옴츠리게 하고 작은 방식으로 행동케 한다는 것을 알면서도 당신은 여전히 그리하도록 허용하고 있다.

이 모든 걸 떨치고 일어나라. 지금 옳고 그름을 가려주는 전통적인 공통 사회 규범을 무조건 무시하라고 말하는 게 아니다. 그런 규범을 무시해서는 안 된다. 다만, 당신 주변 사람 대부분이 매여 있는 편협한 구속으로부터 당신의 영혼을 데리고 나오라는 뜻이다.

고루한 제도나 시대착오적 관습을 따르느라 당신의 귀한 시간과 에너지를 허비하지 말라. 믿음이 가지 않는 여타의 종교적 교리에 관심을 두지 말라. 당신의 영혼은 자유로워야 한다.

혹시 당신의 몸이나 정신에 말초적인 자극을 추구하는 습관이 배어있다면 그 습관을 몰아내라.

일을 그르칠지 모른다는, 혹은 배신당하거나 미움을

받을지 모른다는 두려움에 사로잡혀 있다면 떨치고 일어나라.

여전히 이기심이 발동한다면 당장 멈추라.

이 모든 습관이 빠져나간 빈자리를 이상적인 행동으로 채우라. 발전하고 싶은 마음은 있으나 실천하지 못하고 있다면 생각이 행동을 앞서기 때문임을 잊지 말라. 생각한다면 행동도 해야 한다.

힘의 원천이 당신의 생각을 다스리게 하라. 그런 뒤 그 생각에 따라 살아가라.

직장 문제건 정치 문제건, 이웃의 일이든, 집안일이든 당신이 생각할 수 있는 가장 좋은 생각이 태도로 드러나게 하라. 그 존재가 대단하든 미미하든 당신이 만나는 모든 사람을 최대한 친절하고 정중하게 대하라. 누구보다 가족을 그리 대하라.

당신이 어떤 관점으로 세상을 보고 있는지 명심하라. 신과 동행하는 당신도 신과 같은 존재다. 고로, 그런 존재에 어울리게 처신하라.

완벽한 봉헌을 실행하는 단계는 단순하다. 위대한 사람이 되고 싶다면 하위 욕구에 휘둘려서는 안 된다. 상위 욕구에 따라 움직여야 한다. 육체적 충동의 지배를 받아서는 안 된다. 언제나 육체보다 마음이 우선되어야 한다.

이때 힘의 원천을 배제하면 당신의 마음은 이기적이고 부도덕한 쪽으로 길을 잘못 들 수 있다. 당신의 마음을 영혼 앞으로 내어놓아야 한다. 이때 당신의 영혼은 당신이 지닌 지식에 의해 그 능력이 제한된다. 고로 당신의 영혼도 신의 영혼 앞에 내어놓아야 한다. 모든 것을 능히 알고 모든 것을 두루 살피는 눈을 가진 영혼에 말이다.

당신에게 필요한 '봉헌'은 바로 이런 것이다.

그러니 이렇게 선언하라.

나는 몸이 마음을 따르게 할 것이다. 내 마음은 영혼을 따르게 할 것이다. 그리고 내 영혼은 신의 인도에 맡길 것이다.

이 봉헌 과정을 완벽하고도 철저하게 실행하라. 그러면 당신은 위대함과 힘을 성취할 위대한 여정, 그 두 번째 단계를 완수한 셈이다.

| 9장 |
더 큰 존재와 합일을 이루라

당신은 이제 신이 자연과 사회 그리고 우리 인류의 발전을 원한다는 사실을 깨달았다. 당신이 이 모든 것과 조화를 이루길 바란다는 사실도 알았다. 또, 당신을 가장 위대하고 가장 고매한 그곳으로 이끌어주는 존재에 봉헌하는 법도 터득했다.

그렇다면 다음 단계는 당신 안에 존재하는 '힘의 원천'이 '그분'임을 완벽하게 인지하고 깨닫는 것이다. 당신은 지고의 존재와 의식적인 수준에서 합일을 이루어야 한다. 이는 몽상적이거나 비현실적인 주장이 아니다. 당신이 반드시 알아야 할 분명한 사실이다. 당신은 이미 신과 하나이며 이제는 그것을 의식적으로 인지할 차례다.

이 우주에는 만물의 원천이 되는 하나의 원천 물질이 있다. 이 물질 안에는 세상 만물을 창조하는 힘이 내재해 있다. 이 세상 모든 힘은 그 안에 존재한다. 이 물질은 의식이 있어 생각할 수 있다. 완벽한 이해력과 지력을 갖추고 있다. 당신은 이 모든 것을 알고 있다. 당신은 그런 물질이 존재한다는 것도, 그런 의식이 존재한다는 사실도 알고 있다. 인간도 의식이 있고 생각한다. 인간도 물질이다. 물질이 아니라면 인간은 아무것도 아니다. 존재 자체가 불가능하다.

인간이 물질이고 생각하며 의식이 있다면 인간 역시 생각하는 '원천 물질'이라 할 수 있다. 이 우주에 생각하는 원천 물질이 하나 이상 있다는 생각은 하기 힘들다.

바로 인간이 물질의 원형이요, 모든 생명과 힘의 원천이다. 인간의 육체 안에 모든 생명과 힘이 내재해 있다.

그런 의미에서 인간은 신과 다를 게 없다. 우주적 지성은 오로지 하나이며 그 하나가 세상 곳곳에 스며있다. 같은 물질의 속성을 띠고 세상 곳곳에 배어 있다.

신의 내면에 존재하는 지성과 인간 안에 존재하는 지성은 다르지 않다. 지성은 지성을 갖춘 물질 안에만 존재하며 지고의 지적 물질은 신이다. 인간은 신의 일부이며 신에게 있는 것이 인간에게도 있다. 신에게 있는 모든 재능과 힘, 가능성은 소수의 예외적인 인간에게만 있는 게 아니다. 인간 모두에게 있다.

하늘과 땅의 모든 권세를 내게 주셨으니.*

너희 율법에 기록된바 내가 너희를 신이라 하였노라 하지 아니하였느냐.**

---

* 마태복음 28:18(개역개정 성경).
** 요한복음 10:34(개역개정 성경).

인간 안에 깃든 '힘의 원천'은 인간 그 자신이며 인간 자신은 또 신이다. 그러나 인간은 근원적인 물질이며 그 안에 모든 힘과 가능성을 품고 있지만, 인간의 의식에는 한계가 있다. 인간은 알아야 하는 것을 전부 알지 못한다. 그래서 실수와 오류를 범하기 쉽다. 실수와 오류를 방지하기 위해 인간은 모든 것을 다 아는 외부 존재와 합일을 이루어야 한다. 의식적으로 신과 하나가 되어야 하는 것이다.

사방에서 인간을 에워싸고 있는 신성한 '마음'이 있다. 그 마음은 숨결보다 가깝고 우리의 손과 발보다 더 가까이 있다. 그 마음속에는 선사시대의 자연 대재해부터, 오늘 참새 한 마리가 낙하하는 것까지 이제껏 인류에게 일어난 모든 기억이 들어 있다. 그 신성한 마음에는 대자연 뒤에 숨은 더 큰 목적이 있으며 그 마음은 향후 벌어질 모든 일을 알고 있다.

인간을 둘러싸고 있는 마음은 바로 이런 마음이다. 과거와 현재, 미래까지 모든 것을 알고 있는 마음이다. 이제껏 인간이 말하고 행동하고 기록한 모든 것이 그 속에 현존한다. 인간은 이런 마음과 같은 질료로 이루어진 존재이며 그것으로부터 나왔다. 그래서 그 마음과 합일을 이룬다면 그 마음이 아는 것을 알 수 있다.

아버지는 나보다 크심이라.*

무한한 존재와의 합일은 의식적인 깨달음에 의해 이루어질 수 있다. 유일의 신이 있고, 모든 지성은 오로지 하나의 물질 속에 존재한다는 진리를 인정하고 받아들이라. 그리고 이렇게 선언하라.

이 우주에는 유일한 존재가 있으며 그 존재는 어디에나 있다. 나는 그 지고의 존재와 정신적 합일을 이룰 것이다. 나는 그 위대한 존재와 하나가 되어 신성한 삶을 살

* 요한복음 14:28.

것이다. 나는 무한한 의식과 하나를 이룰 것이다. 우주에는 오로지 하나의 마음만 존재하며 내가 바로 그 마음이다. 이렇게 말하고 있는 내가 신인 것이다.

앞에서 살펴본 단계를 지금껏 잘 밟아 왔기를 바란다. 그래서 올바른 관점을 확보하고 완벽한 봉헌을 할 수 있었기를 바란다. 그렇게 했다면 지고의 존재와 의식적 수준에서 합일을 이루는 데 큰 어려움을 겪지 않으리라 믿는다. 이 모든 걸 해냈다면 이제 당신은 원하던 힘을 확보했을 것이다. 지금쯤 당신은 모든 힘을 가진 존재가 되어 있을 것이다.

| 10장 |
생각을 형상화하라

    생각하는 원천 물질 속의 중심은 다름 아닌 당신이다. 원천 물질의 생각은 창조력을 지니고 있다. 그래서 원천 물질이 어떤 생각을 하면 가시적인 형태로 구현된다. 생각이 물질의 형태를 띠는 것이다. 생각하는 물질 속에 품어진 생각 형태는 현물(現物)이다.

    우리 눈에 보이지 않아도 생각이 실체가 되는 것이다. 생각하는 물질 속에 품어진 생각은 실재한다. 이는 당신이 반드시 주지해야 할 사실이다. 비록, 당신 눈에 보이지 않더라도 생각은 형태를 입는다. 당신이 스스로에 대해 품는 생각이 당신 안에서 형상화된다는 뜻이다.

결과적으로 당신 주변은 당신이 생각함으로써 만들어진 보이지 않으나 실재하는 생각의 형태로 가득 찬다.

무엇인가 원하는 바가 있다면 마음속에 명확한 그림으로 그리고 그 그림을 견지하라. 그게 확실한 생각의 형상을 입을 때까지 말이다. 그 과정에서 신에게서 멀어질 만한 행위만 개입되지 않는다면 당신이 바라던 바가 물질의 형태로 당신을 찾아올 것이다. 단, 이 모든 과정은 우주 창조 법칙을 따르는 방식으로 이루어져야 한다.

자신을 질병이나 고통과 연결 짓고 그 생각을 형상화해서는 안 된다. 오로지 '건강하다'는 생각만 형상화해야 한다. 자신을 강인하고 열정적이며 완벽하게 건강하다고 생각하고 그걸 형상화하라. 그런 다음 그 생각을 창조적 존재에 각인하라. 그 과정에서 우리 몸이 만들어진 창조 법칙을 위반하지만 않는다면 당신이 만든 생각 형상은 당신 눈앞에 실제로 나타날 것이다. 창조 법칙을 준수하기만 한다면 말이다. 이는 명확한 진리이다.

당신이 되고자 하는 모습을 생각 형태로 만들라. 그런 다음 완벽에 가까운 이상을 세워라. 당신이 상상 속에서 그 개념을 구체적인 형상으로 가시화할 수 있도록 말이다. 예를 들어 당신이 위대해지고 싶은 젊은 법학도라면 위대한 변호사가 된 자기 모습을 마음속에 그림으로 그려라(앞에서 제시한 관점, 봉헌, 합일 등의 모든 지침을 주지하며). 판사와 배심원 앞에서 남다른 언변과 능력을 발휘하는 모습을, 그리고 지식, 진실, 지혜를 온 마음으로 좇는 위대한 변호사의 모습을 그려라.

가능한 모든 경우와 사건을 능히 감당하는 위대한 변호사가 된 자기 모습을 그려보아라. 비록 현재는 공부하는 법학도에 불과하지만, 자신을 놓고 생각할 때 그 생각 형태 속에서는 항상 위대한 변호사가 되어 있어야 한다.

마음속에서 그 생각 형태가 습관처럼 명료하게 자리 잡으면 창조 에너지가 안팎에서 가동된다. 안에서 생각이 형태로 잡히면 그 형태를 완성하는 데 필요한 요소들이 그 사람을 향해 다가들기 시작한다. 젊은 법학도인 당신이 자기 형상화를 이루는 동안 지고의 존재도 동행하는 것이다. 그리되면 당신이 원하는 존재가 되고자 나아가는 길을 아무도 방해할 수 없다.

마찬가지로 음악을 공부하는 학생이라면 완벽한 선율을 연주해 수많은 청중을 감동에 빠뜨리는 자기 모습을 그려라. 배우라면 상상할 수 있는 최고의 연기를 펼치는 자기 모습을 그려라.

농부와 기계공도 똑같은 방식을 적용하면 된다. 자신이 되고자 하는 이상적인 모습을 명확하게 정하라. 그리고 당신을 위해 그것이 옳은 선택인지 숙고하라. 전반적인 면을 고려했을 때 그 선택은 당신이 가장 크게 만족할 수 있을 만한 것이어야 한다. 주변 사람들의 충고나 조언에 지나치게 기대지 말라. 당신을 위해 무엇이 옳은지 당신보다 더 많이 아는 사람이 있으리라 생각하지 말라. 다른 사람이 하는 말에 귀는 기울이되 결정은 스스로 해야 한다.

당신이 되고 싶은 모습을 다른 사람이 결정하게 허용하지 말라. 당신 자신이 되기 원하는 바로 그 모습이 돼라.

의무나 책임 같은 그릇된 관념 때문에 잘못된 길로 빠지지 말라. 당신이 가능한 최고의 삶을 이루는 것을 방해할 만한 책임이나 의무 따윈 없다. 부디 자신에게 정직하라. 자신에게 정직하면 누구에게든 불성실할 수 없게 된다. 원하는 모습을 결정했다면 당신이 상상할 수 있는 최고의 개념을 떠올려보라. 그 개념을 생각 형태로 만들고 그것을 사실로, 현실로 받아들여라. 그리고 그것을 믿어라.

그것을 반대하는 모든 제안에 귀를 닫아라. 당신을 한심해하거나 몽상가라 놀리는 이가 있어도 신경 쓰지 말라. 계속해서 꿈꾸라. 나폴레옹은 늘 배를 곯아야 했지만 장차 장군이 되고 프랑스의 통치자가 된 자기 모습을 언제나 선명하게 보았다.

그가 마음속에 그렸던 그 모습은 모두 현실이 되어 밖으로 드러났다. 당신도 다를 바 없다. 앞서 기술한 모든 과정을 이행하고 다음 장에서 이야기하는 대로 행동한다면 당신은 틀림없이 원하는 존재가 될 수 있다.

당신은 틀림없이 위대한 존재가 될 수 있다.

| **11장** |
현실화하라

 혹시라도 이 책을 이전 장까지만 읽고 여기서 멈춘다면 위대함을 이루는 일이 어려워질 수 있다. 당신은 모래성만 쌓다 마는 몽상가로 그칠 수 있다. 안타깝게도 실로 많은 사람이 이 지점에서 멈춘다. 마음속에 그린 그림을 행동으로 옮겨 현실화하는 일, 다시 말해 생각 형태를 밖으로 드러내는 일이 얼마나 중요한지 이해하지 못한다. 이 과정은 두 단계가 필요하다.

 첫째는 생각 형태를 만드는 것이요, 둘째는 그 생각과

관련된 모든 것을 받아들이고 내면화하는 일이다. 첫째 단계에 관해서는 앞에서 설명했으므로 이 장에서는 둘째 단계에 관한 지침을 다루고자 한다. 일단 마음속에 생각 형태를 만들었다면 당신은 안으로는 되고자 하는 모습이 되었다. 그렇다면 이제는 밖에서도 원하는 모습이 되어야 한다. 이 시점에서 당신은 안으로는 위대함을 이루었지만 밖으로는 아직 그렇지 못하다.

물론 지금 당장 위대한 일을 시작할 수는 없다. 이 세상에서 당신은 아직 위대한 배우도 아니요, 위대한 변호사도 아니요, 위대한 음악가도 아니다. 당신은 아직 당신이 원하는 그 사람이 아니다. 그리고 아직, 이 세상 그 누구도 당신이 위대하다고 생각하지 않는다. 당신이 세상에 자신을 그런 존재로 내보이지 않았기 때문이다. 하지만 이 세상에는 작은 일들이 얼마든지 있다. 작은 일은 언제든 시작할 수 있다. 당신은 작은 일을 위대한 방식으로 할 수 있다.

바로 여기에 비밀의 핵심이 숨어있다. 당신은 지금 당

장이라도 집, 가게, 사무실, 길거리 가릴 것 없이 어디에서든 위대한 존재가 되는 일을 시작할 수 있다.

위대한 존재로 당신을 세상에 알리는 일을 시작할 수 있다. 어떤 일이든 위대한 방식으로 하면 된다. 아무리 사소하고 흔한 일이라 할지라도 그 일을 대하는 행동 하나하나에 당신의 영혼이 지닌 모든 힘을 쏟아 부어라.

그래서 가족, 친구, 이웃에게 당신의 참모습을 드러내라. 자랑하거나 잘난 체하거나 당신이 얼마나 위대한 사람인지 떠들고 다니라는 소리가 아니다. 오로지 위대한 방식으로 살면 된다. 당신 입으로 자신을 위대한 사람이라고 말하면 아무도 믿지 않는다. 반면에 행동으로 보여주는 위대함은 아무도 의심하지 않는다.

우선 가족을 상대로 먼저 실천하라. 가족을 관대하고 예의 바르고 다정하게 대하라. 그리하면 배우자도 아이들도 형제자매들도 당신이 얼마나 위대하고 숭고한 영혼의 소유자인지 알게 될 것이다.

당신이 관계를 맺고 있는 모든 사람도 똑같이 대하라.

그 모두를 관대하고 예의 바르고 친절하게 대하라. 위대함을 이루는 길이 달리 있는 게 아니다. 이게 위대함을 이루고자 하는 당신이 취해야 할 태도다.

다음은 가장 중요한 사안으로 당신이 진실이라 지각한 바를 절대적으로 믿어야 한다는 사실이다. 어떤 일에든 서두르지 말고 성급히 행동하지도 말고 그게 옳은 길이라는 확신이 들 때까지 충분히 기다리라. 그러다가 옳은 길이라는 판단이 서면 설령 온 세상이 그 판단에 동조하지 않더라도 굳건한 믿음으로 나아가라.

작은 일 속에서 신이 당신에게 들려주는 이야기를 믿지 않는다면 큰일에서도 신의 지혜와 지식을 얻을 수 없다. 당신이 하는 특정 행동이 옳고, 그것을 진실이라 믿는다면 당장 행동으로 옮겨라. 그리고 반드시 좋은 결과가 있을 것이라 믿으라.

무엇인가가 진실이라고 지각되면 겉으로 그게 어찌 보이든 진실로 받아들이고 그에 따라 행동하라. 큰일에 깃든 진실을 지각하는 능력을 키우려면 작은 일에서 진실을 지각하는 당신의 능력을 절대적으로 믿어야 한다.

바로 이것이 당신이 좇아야 할 힘과 능력이다. 진실을 분별하는 지각력은 신의 생각을 읽는 능력이다. 전능한 신의 눈에는 어떤 것도 위대하지 않은 것이 없으며 어떤 것도 사소하지 않다. 신은 매일 태양을 제자리에서 빛나게 하지만 한편으로는 나무에서 떨어지는 한 마리 참새도, 당신의 머리카락이 몇 개인지도 허투루 보지 않는다.

신은 국가 간 중대사만큼 우리 일상에서 일어나는 소소한 일도 주시한다. 당신도 시국 문제만이 아니라 가족이나 이웃 간의 작은 일에서도 진실을 찾을 수 있다. 매일 당신 눈앞에서 벌어지는 사소한 일을 소홀히 여기지 말라. 진실을 분별하는 지각력을 키우는 길은 그 작은 일 속에 깃든 진실을 온전히 믿는 것에서 시작된다.

당신이 하려는 일이 이성적으로나 다른 사람들의 판단에 상반돼 보이더라도 그걸 해야겠다는 판단이 서면 그 일을 하라.

다른 사람의 제안과 충고에 귀를 기울여라. 그러나 당

신 마음 깊이 진실이라고 느끼면 그대로 행하라. 진실을 인지하는 당신의 능력을 절대적으로 믿어라. 단, 반드시 신의 소리에 귀를 기울이라. 성급하게 행동하지 말라는 신의 소리를 들어라. 불안해하지도 두려워하지도 말라는 신의 소리를 들어라.

삶에서 어떤 상황, 어떤 사건에 맞닥뜨릴 때마다 진실을 지각하는 당신의 능력을 믿어라. 어느 날, 어떤 장소에 어떤 사람이 있으리라는 생각이 들면 절대적인 믿음으로 가서 그 사람을 만나라. 그럴 가능성이 아무리 낮아 보여도 그 사람은 분명 거기 있을 것이다. 사람들이 모여 함께 어떤 일을 도모하고 있다는 확신이 들면 실제로 그 일이 일어나고 있다고 믿고 행동하라.

어떤 상황이나 사건이 진실이라 느껴지면 그게 가까운 곳에서 일어나든 먼 곳에서 일어나든, 또 과거, 현재, 미래에 일어나든 당신의 느낌을 믿어라. 처음에는 내면의 힘을 제대로 알지 못해 실수할 수 있다. 그러나 곧 옳은 것을 알아볼 수 있게 당신을 인도하는 손길이 찾아올 것이다.

가족과 친구들이 당신의 판단을 묻기 위해 찾아올 것이다. 점점 많은 사람이 당신의 인도를 받기 원할 것이다. 동네 주민들이 당신의 조언을 구하러 찾아올 것이다.

당신은 작은 일을 위대한 방식으로 행하는 사람으로 알려지게 될 것이다. 당신에게 더 많은 소명이 주어지고 당신은 점차 큰일을 책임지게 될 것이다. 그 모든 일을 할 때 당신 내면의 빛을 따라야 한다. 진실을 알아보는 지각력을 따라야 한다. 당신의 영혼을 따라야 한다.

모쪼록 자신을 절대적으로 믿어라. 자신을 생각할 때 의심이나 불신을 개입시키지 말라. 자신을 실수하는 존재로 생각하지 말라.

내가 아무것도 스스로 할 수 없노라
듣는 대로 심판하노니
나는 나의 뜻대로 하려 하지 않고
나를 보내신 이의 뜻대로 하려 하므로

내 심판은 의로우니라.*

---

* 요한복음 5:30.

| 12장 |

습관의 힘

 필시 당신은 적지 않은 문제에 봉착해 있을 것이다. 집안 문제를 비롯해 사회적, 육체적, 재정 문제 등 바로 해결책이 보이지 않는 많은 문제가 당신을 짓누르고 있을 것이다.

 갚아야 할 빚이 있거나 책임지고 있는 일도 있을 것이다. 이런 상황이다 보니 삶이 위태롭고 불행하게 느껴져 당장 뭔가 해야 한다고 생각하기 쉽다. 그러나 절대로 서두르지 말라. 충동적으로 행동하지 말라. 개인적인 문제도 모든 해결책을 신께 구하라. 서두를 필요 없다. 모든 건 오로지 신의 소관이며 이 세상은 모든 게 훌륭하다.

당신 안에는 무적의 힘이 깃들어 있다. 그 힘은 당신이 원하는 것의 안에도 똑같이 들어있다. 그래서 당신이 원하는 것을 끌어오거나 당신을 그쪽으로 데려간다. 당신 안에 있는 지성이 당신이 원하는 그것 안에도 똑같이 존재한다는 사실을 반드시 기억하라.

무엇인가를 놓고 강력하고 간절한 염원을 품으면 그것이 당신 쪽으로 끌려온다. 그리고 같은 힘이 당신이 원하는 쪽으로 당신을 밀어준다. 그러니 끊임없이 원하는 것에 대해 생각하라.

생각과 믿음을 견지하는 한 모든 일은 잘될 수밖에 없다. 잘못될 여지가 있다면 오직 당신의 개인적 태도뿐이다. 그 역시 믿음을 기반으로 두려움을 떨쳐낸다면 잘못될 일이 없다. 서두른다는 것은 두려움의 발현이다. 두려움을 품은 사람은 언제나 시간에 쫓긴다.

반면, 진실을 지각하는 자기 능력을 절대적으로 믿고

행동하는 사람에게는 너무 늦을 일도 너무 이를 일도 없다. 그런 사람은 결코 잘못될 일이 없다. 설령 일이 잘못되어가는 듯 보이더라도 마음의 동요를 일으킬 필요 없다. 겉으로만 그렇게 보일 뿐이다.

이 세상에 잘못될 일은 하나도 없다. 그럴 여지가 있다면 오직 당신 자신뿐이다. 혹시라도 당신이 잘못된다면 그 이유는 당신이 정신적 태도를 잘못 택했기 때문이다. 흥분될 때, 걱정될 때, 조급해질 때는 조용히 자리에 앉아 생각하라. 소일거리를 찾거나 휴가를 떠나라. 여행을 떠나라. 당신이 돌아올 무렵이면 모든 일이 잘 돌아가고 있을 것이다.

조급해하고 있다는 느낌이 분명하게 들면 위대함을 이루게 해줄 정신적 태도를 그만큼 벗어났다고 생각하라. 조급하고 두려워하면 이 우주의 원천 마음과 당신을 이어주는 끈이 바로 끊어진다.

마음의 평정을 이루지 못하면 당신은 힘도 지혜도 지식도 얻을 수 없다. 조급한 태도는 당신 안에 있는 힘의 원천이 제대로 힘을 발휘하지 못하게 막는다. 두려움은 강함을 약함으로 바꿔 버린다.

마음의 평정과 힘은 불가분의 관계임을 잊지 말라. 침착하고 평온한 마음은 곧 강하고 위대한 마음이다. 조급하고 초조한 마음은 나약한 마음이다. 마음이 조급한 상태에 빠지면 올바른 관점을 잃기 쉽다. 그때부터 당신 눈에 이 세상은 부분적이나마 잘못돼 가기 시작한다.

그럴 때는 이 책의 제6장으로 돌아가 이 세상 만물은 지금 단계에서 모두 나름대로 완벽하다는 사실을 다시 떠올려보라. 잘못된 것은 아무것도 없다. 잘못될 수도 없다. 그러니 마음의 평정을 찾아라. 침착하라. 평온하고 편안하고 즐거운 마음으로 신을 믿어라.

다음은 '습관'에 관해 이야기할 차례다. 지금 단계에서 당신에게 주어진 가장 큰 난제는 낡은 사고방식을 버리고 새로운 습관을 만드는 것이다. 세상은 습관의 지배를 받는다.

왕과 폭군, 독재자가 입지를 공고히 할 수 있는 이유는 민중이 습관적으로 그들을 용인했기 때문이다. 세상만사가 하필 이런 양상을 띠고 있는 이유는 우리가 세상만사의 이런 양상을 습관적으로 받아들였기 때문이다. 정부 및 사회 체계, 산업 체계 전반은 우리가 습관적인 사고방식을 바꾸면 구조가 바뀌기 마련이다.

우리를 지배하는 것은 바로 '습관'이다.

우리는 습관적으로 자신을 평범하고 무능하며 실수가 잦은 사람이라고 생각하는 경향이 있다. 자신을 놓고 습관적으로 어찌 생각하든 그게 바로 당신이다.

그러니 지금 당장 위대한 습관을 만드는 일을 시작하라. 자신을 무한한 힘을 지닌 존재로 규정하고 그 생각을 습관적으로 하는 것이다. 가끔 하는 생각이 아니라 습관적으로 하는 생각이 당신의 운명을 결정짓는다. 하루에 몇 번 잠깐 앉아 자신을 위대한 존재라고 생각할 뿐, 평소에 그런 생각을 전혀 하지 않는다면 아무 소용이 없다.

아울러 습관적으로 자신을 하찮다고 생각한다면 아무리 기도를 많이 한들 위대해질 수 없다.

차라리 기도를 습관적인 사고방식을 바꾸는 데 활용하라. 어떤 행동이든 정신적 수준에서든 육체적 수준에서든 반복해서 하면 그게 습관이 된다. 정신 훈련의 목적은 특정 생각을 반복해서 그 생각을 습관화하는 데 있다.

당신이 끊임없이 반복하는 생각은 당신의 신념이 된다. 그러니 이제부터 자신을 놓고 새로운 생각을 끊임없이 반복하라. 자신을 놓고 생각하면 오로지 그 생각만 떠오르는 정도가 되어야 한다.

삶에 있어 지금의 당신을 만든 것은 주변 환경이나 상황이 아니다. 습관적으로 해 온 생각이 지금의 당신을 있게 했다. 사람에게는 누구를 막론하고 자신에 대한 중심 관념 혹은 생각 형태가 존재한다. 개개인은 그것을 기반으로 자신에 관한 정보와 외부 관계를 분류하고 정리한다. 당신은 자신을 훌륭하고 강인한 존재로 분류할 수 있다.

반대로, 자신을 무능하고 나약한 존재로 분류할 수도 있다. 혹시, 후자라면 자신에 대한 중심 생각을 반드시 갈아 끼워야 한다.

자신에 대한 새로운 그림을 머릿속에 확보하라. 단순히 단어 몇 개나 피상적인 면모를 반복적으로 떠올리는 정도로 위대함을 이루려 해서는 안 된다. 자신을 놓고 힘과 능력에 관해 부단히 생각하라. 자신을 힘과 능력을 지닌 존재로 분류할 수 있도록. 그래서 그 생각이 밖으로도 어디서나 드러날 수 있도록 하라. 이와 관련해 더 구체적인 마음 훈련과 지침은 다른 장에서 설명하고자 한다.

| 13장 |
위대한 생각을 하라

 위대함은 위대한 생각을 꾸준히 할 때만 이룰 수 있다. 안으로 위대해지지 못하면 결코 밖으로도 위대해질 수 없다.

 내적 위대함은 '생각'을 하기 전까지는 이룰 수 없다. 아무리 교육 수준이 높고 아무리 책을 많이 읽어도 생각하지 않는 사람은 결코 위대해질 수 없다. 공부를 많이 하지 못했어도 생각을 하면 위대함을 이룰 수 있다. 요즈음에는 정작 생각은 하지 않고 책만 읽어서 무엇인가를 이루려 드는 사람이 너무나도 많다. 이는 실패가 자명한 일이다. 당신을 정신적으로 성장시켜주는 힘은 당신이 읽은 책이 아니라 당신이 읽은 책을 놓고 한 당신의 생각이다.

생각하기는 인간이 하는 노동 중에서 가장 힘들고 그런 만큼 가장 많은 에너지를 소모한다. 그래서 인간은 생각하기를 꺼린다. 그러나 신은 애초에 인간을 끊임없이 생각하는 존재로 창조했다. 인간은 생각을 하든 또는 생각하지 않으려 다른 활동을 하든 둘 중 하나를 택해야 한다.

사람들이 시간만 나면 재밋거리를 찾아다니는 이유가 바로 생각하지 않기 위해서다. 혼자 있거나 딱히 재미를 찾을 만한 일이 없으면 사람은 별수 없이 생각을 해야 한다. 사람은 생각하지 않기 위해 소설을 읽고, 쇼를 보고, 끊임없이 재밋거리를 찾아다니는 것이다. 정말로 많은 사람이 여가의 상당 부분을 생각하지 않기 위해 쓴다. 지금 우리 모습이 그 결과이다. 생각하기를 시작하지 않으면 우리는 결코 앞으로 나갈 수 없다.

읽는 것보다 생각을 더 많이 하라. 위대한 내용이 담긴 책을 읽고 위대한 문제와 이슈에 대해 생각하라. 오늘날 미국 정치계만 하더라도 진정으로 위대하다 할 만한 인물을 찾기 힘들다. 링컨이나 웹스터*, 클레이**, 칼훈***, 잭슨**** 같은 위인이 없다.

그 이유가 무엇인가? 지금의 정치인들은 하찮고 추잡한 이슈만 상대하기 때문이다. 도덕이나 정의와 관련된 문제보다는 돈과 편법, 당리당략, 물질적 성공에만 관심을 두기 때문이다.

이런 생각은 위대한 영혼을 깨어나게 하지 못한다. 링컨 재임 시절과 그 이전 시대 정치가들은 영구불변의 진리와 인권, 정의 같은 주제를 다루었다. 그 시절은 인간이

---

* 대니얼 웹스터(Daniel Webster;1782~1852)는 미국의 정치가, 법률가. 연방 하원의원 및 국무장관 역임.

** 헨리 클레이(Henry Clay;1777~1852). 미국의 정치가. 남북 전쟁 시 주요 사안에 극적 타협안을 제시하며 '타협의 명수'로 불림.

*** 존 콜드웰 칼훈(John Caldwell Calhoun;1782~1850). 미국의 제7대 부통령. 헨리 클레이, 대니얼 웹스터와 함께 1810년대부터 1850년까지 의회를 주도하여 위대한 삼두정(Great Triumvirate)으로 불림.

**** 앤드루 잭슨(Andrew Jackson;1767~1845)은 미국의 제7대 대통령.

위대한 주제에 대해 생각하는 시대였다. 그 시대 정치가들은 위대한 생각을 했고 그 결과 위대한 인물이 되었다.

생각은 그저 단순한 지식이나 정도가 아니다. 생각은 우리의 인격을 만든다. 생각은 성장을 부른다. 우리는 생각하면 반드시 성장하게 되어 있다.

또한 생각은 또 다른 생각을 낳는다. 어떤 생각을 글로 적으면 다른 생각이 이어져 금세 종이 한 장이 채워진다. 생각은 측량할 수 없다. 생각은 바닥도 없고 경계도 없다. 처음에 하는 생각은 조악할 수 있지만 인간은 생각을 거듭하면서 점점 자신을 사용한다. 머릿속에 새로운 뇌세포가 더 많이 만들어져 새로운 능력이 조성된다. 계속해서 생각하는 사람에게는 유전이나 환경, 조건 같은 요인이 끼어들 자리가 없다.

반면 스스로 생각하기를 게을리하고 타인의 생각만 이용하려 드는 사람은 자신이 무엇을 할 수 있는지 결코 알아낼 수 없다. 그래서 종국에는 아무것도 할 수 없는 상태에 이르고 만다.

생각의 근원이 돼라. 그러지 않고 당신은 진정한 위대함을 이룰 수 없다. 밖에서 보이는 것은 모두가 안에서 빚어진 생각이 드러난 것이요, 그 생각이 완성된 형태이다. 생각이 없다면 행동도 있을 수 없다.

위대한 생각이 선행되지 않으면 위대한 행동도 있을 수 없다. 행동은 생각의 2차적 형태이며 생각이 물질화된 것이 곧 인격이다. 당신을 둘러싼 환경은 당신이 생각한 결과물이다. 당신의 환경은 당신이 한 생각에 따라 모든 현상과 사물이 모여 배열된 결과물이다. 에머슨*의 말을 인용해 보겠다.

우리는 저마다 스스로에 대한 중심 생각이나 개념이 있다. 우리 삶을 구성하는 모든 요소는 그것에 따라 배열되고 정리된다. 고로, 당신에 관한 중심 생각을 바꾸면 당신 삶을 구성하는 모든 요소와 상황도 그에 맞춰 새롭

---

* 랄프 왈도 에머슨의 저서, 「자기 신뢰(Self-Reliance)」에서 인용.

게 배열되고 정리될 것이다.

지금의 당신은 당신이 생각한 결과이다. 당신이 지금 그 자리에 있는 이유도 당신이 그렇게 생각한 결과이다.

이제 앞 장에서 다룬 내용이 얼마나 중요한지 깨달았을 것이다. 그 모든 내용을 건성으로 이해하고 넘어가서는 안 된다. 그 모든 지침이 당신의 중심 생각을 이룰 수 있도록 부단히 생각하라.

'관점'의 문제로 다시 돌아가 보자. 당신은 완벽한 사람들과 완벽한 세상에서 살고 있다. 세상은 아무것도 잘못된 게 없고 잘못될 여지가 있다면 오로지 당신의 개인적 태도뿐이다. 이 모든 내용이 완벽하게 이해되고 그 의미가 가슴 깊이 각인될 때까지 부단히 생각하라.

이 세계는 창조주인 신의 세상이다. 신이 무수한 가능성을 고려해 그중에서도 가장 좋은 것을 선택해 만든 세상이다. 신은 이 세상의 '완성'을 목표로 지금까지 유기적·사회적·산업적 발전 과정을 이끌어왔다. 이 세상은 더 나은 조화를 이루기 위해, 즉 완성을 위해 전진해가는 중이다.

이 우주에는 모든 변화를 빚어내는 단 하나의 위대하고 완벽하며 지력까지 갖춘 '생명과 힘의 원천'이 있다는 사실을 잊지 말라. 이 모든 걸 진실로 받아들일 수 있을 때까지 생각하고 또 생각하라. 이 완벽한 우주의 일원으로서 당신이 어떻게 행동하고 어떻게 살아갈지 깨닫게 될 때까지 생각하고 또 생각하라.

더불어, 위대한 단 하나의 지성이 당신 안에 깃들어 있다는 경이로운 진실에 대해 생각하라. 우주의 위대한 지성은 당신의 지성이다. 그 지성은 당신을 옳은 일, 최고의 일, 위대한 행동, 최고의 행복으로 이끌어줄 내면의 빛이다.

그 힘의 원천이 당신 안에 거하며 당신에게 모든 능력과 천재성을 부여하고 있다. 당신이 그 빛 안으로 걸어 들어가기만 한다면 힘의 원천은 당신이 최선의 당신을 이룰 수 있게 도와 줄 것이다. 그러니 이렇게 자기 긍정을 하라.

내 영혼에 순종할 것이다.

이 말에 담긴 뜻을 깊게 새기라. 이 말은 실로 경이로운 의미를 품고 있어 아무리 평범한 사람일지라도 그 태도와 행동에 혁신을 일으키고도 남는다.

다음은 지고의 위대한 존재와 합일을 이루는 것에 대해 생각하라. 당신이 구하기만 하면 세상 모든 지식은 당신 것이 된다. 모든 지혜도 당신 것이 된다.

신처럼 생각하면 당신도 신같이 된다. 자신을 신처럼 생각한다면 신처럼 행동하지 않을 수 없다. 신성한 생각은 신성한 삶을 만나면 기꺼이 그 모습을 드러낼 것이다. 생각하는 힘은 힘 있는 삶을 만든다. 위대한 생각은 위대한 사람을 통해 위대한 인격으로 드러나게 되어 있다.

이 모든 것에 대해 진지하게 생각하라. 그렇다면 이제 행동으로 옮길 준비가 끝난 것이다.

14장
먼저 가정에서 위대해지라

당신이 장차 위대한 사람이 되리라고 생각해서는 안 된다. 당신은 자신이 지금 위대한 사람이 되어 있다고 생각해야 한다.

언젠가는 위대한 방식으로 행동하겠노라고 결심하지도 말라. 당신은 그 행동을 지금 당장 해야 한다. 상황이 좀 나아지면 위대한 방식으로 행동하겠다고 생각하지 말라.

당신이 지금 있는 그 자리에서 지금 당장 위대한 방식으로 행동하라. 뭔가 위대한 일이 눈앞에 주어지면 그때

가서 위대한 방식으로 행동해도 된다고 생각하지 말라. 지금 당장, 작은 일들을 위대한 방식으로 대하라.

당신 주변에 지적인 사람들이 더 많이 나타나면, 또는 당신을 이해해줄 사람이 더 많이 생기면 위대한 일을 하겠노라 생각하지 말라. 지금 당신 주위에 있는 사람들을 위대한 방식으로 대하라.

물론 당신은 도저히 최상의 힘과 재능을 발휘할 수 없다고 생각되는 환경에 처해 있을 수 있다. 그래도 상관없다. 그 자리에서도 얼마든지 위대한 사람이 될 수 있다. 링컨은 시골 변호사였던 시절에도 대통령일 때 못지않게 위대했다. 사실 그가 대통령이 된 이유는 시골 변호사였을 때 작은 일을 위대한 방식으로 했기 때문이다.

위대해지기 위해 워싱턴에 갈 날만 기다렸다면 링컨은 일개 무명인으로 남았을지 모른다. 당신이 선 자리나 당신을 둘러싼 조건이 당신을 위대하게 만들지는 않는다. 당신이 다른 사람에게서 받은 것이 당신을 위대하게 하지도 못한다. 다른 사람에게 의지하는 한 당신은 결코 위대함을 이룰 수 없다.

위대함은 홀로서기를 했을 때 비로소 드러나는 것이다. 사물이든 책이든 사람이든 외부 요인에 기댈 생각은 접어라. 에머슨이 이리 말한 바 있다.

셰익스피어는 셰익스피어를 연구한다고 되는 게 아니다. 셰익스피어는 셰익스피어다운 생각을 해야 성취된다.

가족을 포함해 주변 사람들이 당신을 어떻게 대하는지 신경 쓸 필요 없다. 당신이 위대해지는 데 그런 건 아무 상관없다. 그게 당신이 위대해지는 걸 막을 수는 없다. 사람들이 당신을 무시할 수 있다. 당신에게 감사할 줄 모르고 불친절할 수도 있다. 그렇다고 당신이 그들을 위대한 태도, 위대한 방식으로 대하지 않을 이유가 있는가? 예수는 이리 말했다.

그는 은혜를 모르는 자와 악한 자에게도 인자하시니라.*

사람들이 감사할 줄 모른다고 해서 신이 마음 상해 한다면 우리가 신을 위대하다 하겠는가? 신이 하는 그대로, 당신에게 감사할 줄 모르는 사람에게도 악한 사람에게도 위대한 방식으로 대하라. 더할 나위 없이 친절하게 대하라.

한편 당신의 위대함에 관해 말하지 말라. 근본적으로 당신은 결코 주변 사람들보다 더 위대하지 않다. 당신은 이 책을 통해 위대하게 사는 법, 위대하게 생각하는 법을 터득했지만, 그들은 아직 그것들을 발견하지 못했다.

그래도 그들은 완벽한 존재다. 그 나름의 생각 단계, 행동 단계에서 모두 완벽하다. 위대함을 이룬다고 해서 당신이 그들보다 더 특별히 영예롭거나 배려심이 깊다고 단언할 수 없다.

---

* 누가복음 6:35.

당신은 신 같은 존재다. 그러나 당신 주변 사람들도 마찬가지다. 타인의 단점이나 실수와 자신의 장점이나 성공을 비교한다면 오만함의 덫에 걸려든다. 그 덫에 걸리는 순간, 당신은 더는 위대한 존재가 아니다. 한낱 작은 존재일 뿐이다. 자신을 완벽한 존재들에 둘러싸인 완벽한 존재로 생각하라.

열등함, 월등함을 따지지 말고 모든 사람을 동등하게 바라보라. 자신을 다른 사람보다 위에 두고 보지 말라. 위대한 사람은 결코 그리하지 않는다. 명예를 구하지 말고 인정받기를 원하지 말라. 명예와 인정은 당신이 그걸 받을 자격이 되면 언제라도 찾아오게 되어 있다.

위대한 사람이 되는 여정의 출발점은 집안이다. 먼저, 당신의 집안에서 시작하라. 가정에서 언제나 평온하고, 침착하고, 친절하고, 배려 깊게 행동할 수 있는 사람은 위대하다. 당신이 생각할 수 있는 최상의 방식과 태도로 가족을 대하라.

그러면 가족이 아닌 다른 사람도 당신에게 의지하고

싶어 할 것이다. 어려운 문제가 생기면 당신을 힘과 도움의 원천으로 생각할 것이다. 사람들은 그런 당신을 사랑하고 감사히 여길 것이다.

그런 한편, 그들을 돕는 과정에 지나치게 몰입하는 실수를 범해서는 안 된다. 위대한 사람은 자신을 존중할 줄 안다. 다른 사람을 돕되, 노예의 자세로 임해서는 안 된다. 노예가 어찌 타인을 돕겠는가? 또, 그들 스스로 해야 할 일을 대신 해주는 행위로 그들을 도울 수도 없다.

누군가를 지나치게 섬기면 또 다른 사람에게 상처를 줄 수 있다. 이기적이고 자기중심적인 사람의 요구는 들어주지 않는 게 그 사람을 위해서 더 나은 일이다. 타인을 노예처럼 섬기는 사람이 많아진다고 해서 이상적인 세상이 되는 게 아니다. 이상적인 세상이란 모든 사람이 자신을 올바르게 섬기는 세상이다. 누군가 부탁을 하면 친절하게 대하라. 배려심을 발휘하라. 그러나 변덕스럽고 까다롭고 계산적인 사람의 노예가 되어 줄 필요는 없다. 그게 가족이라 해도 마찬가지다. 그런 태도는 위대하지도 않을 뿐더러 또 다른 누군가에게 상처를 입힌다.

가족 중 누군가가 실수하거나 실패하면 안달하며 무엇인가 해야 한다고 생각하지 말라. 다른 사람이 하는 일이 잘못돼 가는 성싶다고 해서 불안한 마음에 개입해서 바로잡아야 한다고 생각하지 말라.

모든 사람은 나름의 단계에서 완벽하다는 사실을 반드시 기억하라. 모두가 신이 하는 일이다. 당신이 나선다고 고칠 수 있는 게 아니다. 아무리 가깝고 아무리 사랑하는 사람이라 하더라도 다른 사람이 살아온 방식을 고쳐 보겠다고 나서지 말라. 그건 당신 소관이 아니다. 아무것도 잘못될 수 없다. 잘못될 여지가 있다면 그것은 오로지 당신의 개인적 태도일 뿐이다. 당신의 개인적 태도만 고치면 된다. 그러면 나머지는 아무것도 잘못된 게 없다는 사실을 명심하라.

당신이 하지 않는 일을 하는 사람과 함께할 때 당신의 영혼은 진정 위대해지는 것이다. 그러니 부디 비판도 간섭도 삼가라.

당신이 해야 할 옳은 일을 하라. 그리고 당신의 가족 역시 그들이 해야 할 옳은 일을 하고 있다고 믿으라.

아무도 아무것도 잘못된 것은 없다 모든 게 훌륭하다. 그러니 누구를 위해서든 노예가 되어서는 안 된다. 더불어 당신이 옳다고 생각하는 일을 위해 다른 사람을 노예로 삼아서도 안 된다.

생각하라. 깊게 끊임없이 생각하라. 더없이 친절하고 더없이 배려하라. 당신은 신과 같은 존재이며 주변 사람들도 열등한 존재가 아닌 또 다른 신이라고 생각하라. 이것이 당신의 가정에서 먼저 위대함을 이룰 수 있는 길이다.

| 15장 |

집 밖에서도 위대해지라

집에서 적용하는 행동 지침을 당신은 어디에서든 똑같이 적용해야 한다. 이 세상은 완벽하며 당신은 신과 같고 또, 신과 같은 존재와 함께임을 한시도 잊어서는 안 된다. 당신은 더할 나위 없이 훌륭하다. 그러나 다른 사람도 당신과 다를 바 없다.

당신 안의 진실 지각력을 전적으로 신뢰하라. 이성보다 당신 내면의 빛을 믿어야 한다. 진실에 관한 당신의 믿음은 그 내면의 빛으로부터 온다. 평온하고 침착하게 행동하라. 조용히 신의 소리를 들어라. 전지전능한 마음과 합일을 이루면 당신 삶은 물론이요, 다른 사람의 삶에 일어나는 어떤 문제든 그 해결에 필요한 지식을 얻을 수 있다.

단, 이 모든 것은 절대적인 평온 속에서만 그리고 당신 안에 있는 영원한 지혜의 힘에 기댈 때만 가능하다. 절대적인 평온, 절대적인 믿음 위에서 이루어지는 당신의 판단은 언제나 옳을 것이며 당신은 무엇을 해야 할지 언제나 정확히 알게 될 것이다.

서두르지도 걱정하지도 말라. 전쟁이란 암울한 시대를 살아야 했던 링컨을 생각하라. 클라크*는 프레더릭스버그(Fredericksburg) 전투** 뒤 링컨을 회고하기를 '국가를 위해 신념과 희망을 놓지 않았던 유일한 사람'***이라고 한 바 있다. 전투에서 패배한 뒤 미국 전역에서 수백 명

---

* 제임스 프리맨 클라크(James Freeman Clarke;1810~1888). 미국의 정치개혁가.

** 미국 버지니아주 프레더릭스버그에서 1862년 12월 11일부터 15일까지 벌어진 전투로 남부군의 일방적 승리로 끝나 링컨의 정치 생명에 위기가 닥쳤으나 링컨은 의지를 꺾지 않았고 이후 결국 남북전쟁을 승리로 이끌어 노예 해방을 이루었다.

에 달하는 지도자들이 링컨의 집무실로 모여들었다. 모두 침울한 표정이었으나 그 방을 나올 때는 하나같이 희망에 차 있었다. 그들은 위대한 존재의 얼굴을 본 것이다. 홀쭉하고 볼품없으나 포기할 줄 모르는 한 남자에게서 신의 얼굴을 본 것이다.

당신 자신에 대해 완벽한 믿음을 가져야 한다. 어떤 좋지 않은 상황이 복잡하게 얽혀들어도 당신 안에 그걸 감당할 능력이 있다고 믿으라. 혼자라는 생각이 들어도 당황하지 말라. 벗이 필요하면 때맞춰 벗이 찾아올 것이다. 아는 게 없다는 생각이 들더라도 불안해하지 말라. 당신이 위대해지는데 필요한 정보가 때맞춰 당신에게 쏟아질 것이다.

★★★ 제임스 프리맨 클라크가 프레더릭스버그 전투 직후 링컨에게 보낸 편지를 언급한 것으로 일부 내용은 이러하다. "You are the only man in these United States who knows exactly what he is doing at all times, and exactly where he is going. You are the only man who can steer the ship of State through this stormy crisis, and land her safe in port(당신은 미국에서 무엇을 해야 하는지, 어디로 가야 하는지 정확하게 알고 있는 유일한 분입니다. 당신은 미국이란 배가 이 폭풍의 위기 속을 어떻게 헤치고 나아가 안전하게 항구에 닿게 할지 아는 유일한 분입니다)."

당신을 나아가게 하는 힘이 사물이든 사람이든 당신이 필요로 하는 모든 것을 당신에게로 끌려 오게 할 것이다. 만나야 할 사람이 있다면 그 사람이 당신을 찾아올 것이다. 읽어야 할 책이 있다면 그 책이 때맞춰 당신 손에 들어올 것이다. 당신에게 필요한 지식이 안에서, 또 밖에서 당신을 찾아올 것이다.

당신은 그 상황에 필요한 지식과 재능을 때맞춰 얻게 될 것이다. 예수가 제자에게 한 말을 기억하라. 예수는 제자들에게 재판관 앞에 나아갈 때 무슨 말을 할지 걱정하지 말라고 했다. 예수는 제자들 안에 그 상황을 감당할 충분한 힘이 있음을 알고 있었다.

당신의 능력을 위대한 방식으로 쓰기 시작하면 당신은 뇌를 개발하는 데도 그 힘을 쓸 수 있다. 뇌에 새로운 세포가 생기고 잠자던 세포가 활동을 시작한다. 뇌가 당신 마음을 완벽하게 드러낼 악기가 되는 것이다.

단 위대한 방식을 적용할 준비가 안 되었다면 아직은 큰일을 하려 들지 말라. 큰일을 작은 방식-편협한 관점,

집중 부족, 믿음과 용기의 결여-으로 다루면 실패는 자명하다.

큰일을 하려 서둘지 말라. 큰일을 한다고 해서 당신이 위대해지는 게 아니다. 위대해지면 자연히 큰일은 따라온다. 당신이 매일 하는 일 속에서 위대해지는 일을 시작하라. 다른 사람에게서 위대한 사람으로 인정받으려 조급하게 행동하지 말라. 이 책을 읽고 그대로 실천하며 한 달이 지났는데도 동료들이 당신을 인재로 생각하지 않는다고 실망하지 말라.

위대한 사람은 결코 인정이나 박수를 좇지 않는다. 어떤 일을 하고 보상받기를 원한다면 결코 위대해질 수 없다. 위대함은 그걸 이룬 자체로 충분한 보상이다. 고매한 존재가 되었다는 기쁨이 있기 때문이다. 더불어 자신이 발전하고 있다는 사실을 아는 기쁨이 있기 때문이다. '발전'은 우리 인간에게 주어진 가장 위대한 기쁨이다.

앞 장의 내용대로 집에서 위대한 방식을 적용하기 시작했다면 이제는 그 방식을 이웃, 친구, 비즈니스 상대에게도 똑같이 적용할 차례다. 그러면 사람들이 당신에게 의지하기 시작한다. 조언을 구하러 당신을 찾아온다. 점점 많은 사람이 힘과 영감을 구하러 당신에게 달려오고 당신의 판단에 귀를 기울일 것이다.

이때 가정에서와 마찬가지로 다른 사람의 문제에 개입해서는 안 된다. 당신을 찾아오는 사람은 모두 돕되, 그들을 바로잡으려 들면 안 된다. 그건 당신의 소관이 아니다. 다른 사람의 도덕관, 습관, 행동을 교정할 임무는 당신에게 없다. 당신이 할 일은 그저 위대한 삶을 사는 것이다. 당신은 다만 모든 일을 위대한 정신, 위대한 방식으로 행하면 된다. 누구에게든 당신의 도움이나 충고를 강요해서는 안 된다.

이웃이 담배를 피우거나 술을 마시고 싶어 하면 그건 그들 소관이다. 이웃이 그 문제로 당신을 찾아와 조언을 구하지 않는 한 당신이 개입할 일이 아니다. 위대한 삶의 방식을 따르되 설교하려 들지 말라. 그렇게 하면 작은 삶을 살면서 끊임없이 설교하려고 기 쓰는 사람보다 비교도 안 되게 더 많은 영혼을 구할 수 있다. 세상을 보는 올바른 관점을 확보하면 사람들이 그걸 알아보게 되어 있다. 사람들은 당신이 평소 나누는 대화나 행동 방식에 깊은 인상을 받을 것이다.

그러나 다른 사람에게 당신의 관점을 강요해서는 안 된다. 당신은 그저 당신의 관점을 견지하고 그에 따라 살아가면 된다. 당신이 신성한 존재에 봉헌한다는 사실도 굳이 말할 필요 없다. 당신이 고매한 힘의 인도를 받고 있다는 사실은 자연히 드러나게 되어 있다. 신과 완벽한 합일을 이루더라도 그 사실을 다른 사람에게 설명할 필요 없다. 그건 저절로 증명되는 성격의 것이다.

위대한 인격의 소유자로 알려지기 위해 당신이 할 일은 그저 위대한 방식으로 살아가는 것이다. 당신이 특별한 존재라고 증명하기 위해 돈키호테처럼 풍차를 향해 달려들거나 기존의 무엇인가를 뒤집어야 한다는 망상에 빠지지 말라.

큰일을 찾아 돌아다니지도 말라. 당신이 있는 그곳에

서 위대한 삶을 살라. 당신이 해야 하는 일을 매일 하면 위대한 일이 반드시 당신을 찾아온다. 큰일이 당신을 찾아와 당신에게 해결을 구할 것이다.

당신이 상대하는 누군가의 가치를 소중히 여기라. 상대가 부자든 무일푼이든 더할 수 없이 사려 깊게 대하라. 사람은 모두 신과 같은 존재다. 모든 사람이 완벽하다. 신이 다른 신을 대하듯 당신의 태도도 그래야 한다. 가난한 이들만 사려 깊게 대해서는 안 된다. 백만장자도 무일푼도 다 같이 훌륭하기 때문이다. 이 세상은 완벽하게 훌륭하며 이 세상 모든 존재 역시 완벽하게 옳다. 그러니 사람이든 또 그 무엇이든 똑같이 사려 깊게 대하라.

마음속에 그린 자기 모습을 소중히 다루어라. 자신이 원하는 모습대로 생각 형태를 만들고 그것이 실현된다는 믿음을 가져라. 더불어 그것을 완벽하게 실현하겠다는 목적의식을 품어라.

일상의 사소한 일을 할 때 신의 방식으로 행동하라. 신이 말하는 방식으로 말하라. 신이 다른 신성한 존재를 대하듯 지위의 높고 낮음에 상관없이 사람을 대하라.

이런 방식으로 시작하고 이런 방식을 계속하라. 그러면 당신 안의 힘과 능력이 빠른 속도로, 큰 폭으로 향상될 것이다.

16장
다시, 관점이다

여기서 다시 관점의 문제로 돌아가자. 관점은 대단히 중요한 동시에 가장 실행이 어려운 사안이기도 하다. 우리는 그릇된 일부 종교 지도자 때문에 이 세상을 폭풍우에 떠밀려 좌초한 난파선 정도로 보는 오류를 범한다. 그래서 결국 배는 다 파괴되고 최종적으로 단 몇 명의 탑승자만 구조되리라 생각한다. 이런 관점으로 인해 우리는 이 세상을 근본적으로 나쁜 곳이라 여긴다. 현재의 불화, 부조화 현상이 세상이 끝날 때까지 이어지리라 생각한다. 이런 관점으로는 사회, 정부, 인류를 놓고 그 어떤 희망도 품을 수 없다. 세상을 보는 눈은 협소해지고 마음은 위축된다.

이런 관점은 옳지 않다. 이 세상은 파괴되지 않았다. 오히려 이 세상은 강력한 엔진을 달고 완벽하게 질서를 지키며 돌아가는 증기선과 같다. 화실(火室)에는 석탄이 가득하고 배는 빈틈없이 항해 준비를 마친 상태다. 무엇 하나 부족한 게 없다. 전지전능한 신이 선원들의 안전, 위안, 행복을 위해 가능한 모든 대비책을 갖춘 상태다. 바다로 나간 배는 높은 파도를 만나면 이리저리 흔들린다. 미처 조종키 다루는 법을 배운 사람이 없기 때문이다. 지금 우리는 조종키 다루는 법을 배우고 있다. 그렇기에 우리가 탄 배는 머지않아 완벽한 조화를 이룬 항구에 안전하게 도착할 것이다.

이 세상은 더할 나위 없이 훌륭하며 지금도 계속 발전하고 있다. 지금의 불화, 부조화는 아직 우리가 배를 조종하는 법을 알지 못해 생기는 일시적인 동요일 뿐이다.

모든 동요는 곧 진정될 것이다. 바로 이게 당신이 지녀야 할 관점이다. 이런 관점은 시야를 넓히고 마음의 지경을 넓힌다. 우리 자신에 관해, 사회에 관해 폭넓은 생각을 할 수 있게 한다. 동시에 위대한 방식으로 행동할 수 있게 돕는다.

이런 세상은 어느 한 부분도 잘못될 수 없다. 모든 게 '완성'을 향해 나아가고 있으며 잘못될 일이 없다. 우리의 개인 문제 역시 이 세상에 속해 있다. 그러니 그 또한 잘못될 일이 없다. 당신이란 존재, 그리고 당신이 걱정하는 모든 일은 '완성'을 향해 나아가고 있다. 그 발전적인 행보의 발목을 잡을 만한 것은 오직 당신 자신뿐이다. 당신이 신의 마음을 거스르는 정신 태도를 취하는 경우가 그렇다. 당신이 할 일은 오로지 올바른 태도를 취하는 것이다. 올바른 태도만 견지한다면 아무것도 잘못될 게 없고 아무것도 두려워할 필요가 없다. 당신의 개인적 태도가 올바르면 그 어떤 문제나 재난도 닥치지 않을 것이다. 당신은 성장하고 발전하는 이 세상의 일부이므로 당신도 성장하고 발전할 수밖에 없다.

당신의 생각 형태는 대부분 우주를 보는 당신의 관점에 따라 만들어진다. 이 세상을 소멸하고 파괴되는 것으로 본다면 이 세상의 일부인 당신 자신도 같은 관점으로 볼 가능성이 높다. 당신이 이 세상 죄와 나약함을 짊어지고 간다고 느낄 수도 있다. 이 세상을 희망 없는 곳으로 바라본다면 자신을 보는 관점도 결코 희망적일 수 없다. 이 세상이 종말을 향해 가고 있다고 본다면 자신을 성장하는 존재로 볼 수 없다. 신이 하는 모든 일과 세상 만물을 훌륭하게 생각하지 않는 한 당신은 결코 당신 자신을 훌륭하게 여길 수 없다. 당신 자신을 긍정적으로 생각하지 않는 한 당신은 결코 위대해질 수 없다.

거듭 말하는 바이다. 물질 조건을 포함해 당신 삶의 질은 당신이 자신을 놓고 습관적으로 하는 생각 형태에 의해 결정된다. 우리는 많은 경우, 자신을 놓고 생각 형태를 만들 때 환경을 기준으로 삼는다. 자신을 무능하고 비효율적인 사람으로 생각하면 빈한하고 열악한 환경에 둘러싸인 자기 모습을 떠올리기 쉽다. 자신을 긍정적으로 생각하지 않으면 환경에 짓눌려 가난을 면치 못하는 자기 모습을 형상화할 수밖에 없다. 이런 생각은 습관이 되면 마음속에 무형의 형태로 자리 잡는다. 그러다 곧 무한한 창조 에너지의 활동으로 질료를 입은 무형의 생각 형태가 만들어진다. 그것이 최종적으로 우리 주변을 '물질'이란 가시적 형태로 둘러싸고 그게 환경을 만든다.

자연을 위대한 존재, 발전하는 존자로 바라보라. 더불어 인간 사회 역시 그와 똑같은 눈으로 바라보라. 자연과 사회는 하나이며 같은 원천에서 왔다. 고로 마찬가지로 훌륭한 것이다. 당신 역시 신과 같은 질료로 만들어진 존재다. 신을 이룬 모든 구성 요소가 당신 안에도 있다. 인간은 신이 지닌 전능의 힘으로 빚어진 존재다. 신이 일하는 방식대로 일하라. 당당하게 앞으로 나아가되, 당신 안에 모든 힘의 원천이 들어있음을 잊지 말라.

| 17장 |
생각에 대한 더 많은 생각

이즈음에서 생각에 관해 더 많은 생각을 해볼 필요가 있다. 당신이 하는 생각이 당신을 위대하게 만들어준다는 사실을 잊지 말라. 이것이야말로 당신이 생각해야 하는 가장 중요한 이유이다.

내면세계에서 위대한 생각을 하지 않으면 외부 세계에서 위대한 일을 할 수 없다. 진실에 관한 생각을 하지 않는다면 위대한 생각을 할 수 없다. 위대한 생각을 하려면 당신은 절대적으로 진실해야 한다. 진실하기 위해서는 올바른 의도를 품어야 한다. 진실하지 않거나 거짓된 생각은 그럴듯하고 기발해 보여도 위대하지는 않다.

인간관계에 관한 진실을 좇는 데 있어 가장 중요한 첫 단계는 다른 사람에게 어떤 존재가 되어야 하는지, 다른 사람이 당신에게 어떤 존재가 되어야 하는지를 아는 것이다. 그런 생각을 꾸준히 하다 보면 올바른 관점을 찾게 될 것이다.

이와 더불어, 자연적·사회적 진화에 관해서도 생각해야 한다. 다윈과 월터 토마스 밀스(Walter Thomas Mills)의 저서를 읽어보라. 그 책을 읽고 또 생각하라. 당신이 이 세상 모든 사물과 사람을 올바른 눈으로 보고 있는지 알게 될 때까지 생각하라. 신이 하는 일에 대해 생각하라. 신이 하는 일을 볼 수 있을 때까지 계속 생각하라.

다음은 자신에 대해 생각하고 올바른 태도를 찾는 단계다. 올바른 관점을 지니면 올바른 태도는 저절로 알게 된다. 이때 당신의 영혼에 전적으로 순종하라. 당신 안의 그 지고한 존재에 온전히 봉헌하면 진실한 생각에 닿을 수 있다. 이기적인 목적을 품거나 정직하지 못한 의도나 행동이 개입되면 생각이 잘못된 길로 빠져 버리고 아무런 힘을 얻지 못한다.

당신이 일하는 방식에 관해 생각하라. 당신 안의 모든 의도, 목적, 동기에 관해 생각하라. 그 모두가 옳은 것인지 알 때까지 생각하라.

신과 완벽한 합일을 이루는 일은 깊게 또 부단히 생각하는 노력 없이는 불가능하다. 이 진리를 머리로 이해하기는 쉽다. 그러나 이를 생생하게 이해하고 체감하는 일은 또 다른 문제다. 신을 만나기 위해 자기 바깥으로 나간다고 생각하기는 어렵지 않으나 신을 만나기 위해 자기 내부로 들어가는 모습을 상상하기는 쉽지 않을 것이다.

하지만 신은 거기에 있다. 우리 영혼의 가장 성스러운 곳에서 우리는 신을 마주할 수 있다. 이 얼마나 가슴 벅찬 일인가! 필요한 모든 것이 이미 우리 안에 있다. 그러니 원하는 것을 취하기 위해, 또 원하는 존재가 되기 위해 우리는 어떻게 힘을 얻을지 고민할 필요가 없다.

당신은 당신 안에 이미 존재하는 그 힘을 올바르게 쓸 방법만 생각하면 된다. 당신이 할 일은 아무것도 없다. 그저 시작만 하면 된다. 진실을 알아보는 당신의 지각력을 믿어라. 그러면 지금 당장이라도 어떤 진실이 보일 것이다. 그 진실에 충실히 임한다면 내일 더 많은 진실을 볼 것이다.

낡고 그릇된 생각을 떨치려면 인간의 가치, 즉 우리 영혼의 위대함과 중요성에 대해 많이 생각해야만 한다. 인간이 저지르는 실수에서 눈을 돌려 인간이 이룩한 성공을 보아야 한다. 잘못을 보는 눈을 돌려 장점을 보아야 한다. 더는 인간을 타락하고 파괴되어 지옥으로 떨어지는 존재로 보아서는 안 된다. 대신 천국을 향해 올라가는 빛나는 영혼으로 보아야 한다. 이런 생각을 하는 데는 의지력이 필요하다. 그 의지력을 발휘하면 무엇을 생각하고 또 어떻게 생각할지 결정할 수 있을 것이다.

의지력의 기능은 생각의 방향을 잡는 것이다. 좋은 방향으로 생각하고 인간의 좋은 면을 보라. 인간의 따스하고 매력적인 면모를 생각하고 그 외의 것들은 생각하지 않는데 의지력을 발휘하라.

이 같은 의지력과 관련해 내가 알고 있는 사람 중에서 미국 대통령에 사회당 후보로 두 번이나 지명된 바 있는 유진 뎁스(Eugene V. Debs)만 한 인물도 드물다. 뎁스는 인류애를 중시했다. 그에게 도움을 구하면 무위로 끝나는 경우가 없었다. 그에게서 불친절하고 모욕적인 언사를 들었던 사람은 단 한 명도 없었다. 그와 함께 있으면 누구나 상대에게 순수한 관심을 보이는 친절한 사람을 만날 수 있었다. 부자든, 가난한 노동자든, 남루한 여성이든 누구나 따뜻한 환대를 받았다. 남루한 옷을 입은 아이가 길거리에서 말을 붙여도 그는 그 즉시 부드러운 표정을 지었다. 뎁스는 사람들을 사랑했다. 이런 태도를 지녔기에 그는 위대한 운동을 하는 지도자가 될 수 있었고 무수한 사람들의 마음을 사로잡은 영웅이 될 수 있었다. 불멸의 명성도 얻을 수 있었다.

인간을 사랑하는 행위는 위대한 일이며 그것은 오직

생각을 통해서만 성취된다. 생각만이 당신을 위대하게 만들 수 있다.

"우리는 사색가를 두 부류로 나눌 수 있다. 스스로 생각하는 사람과 타인을 통해 생각하는 사람이다. 사람들 대부분은 후자에 속하고 소수만이 전자에 해당한다. 첫 번째 유형은 주체적인 사색가들이며 그렇기에 가장 숭고한 의미로 이기적인 사람들이다."_쇼펜하우어 (Sehopenhauer)

"모든 인간의 열쇠는 '생각'이다. 아무리 완강하고 도전적인 사고로 무장된 듯 보이는 사람이라도 그 내면에는 그가 순종하는 더 큰 생각이 존재하며 그의 모든 지식은 그에 따라 분류된다. 이런 사람은 오직 자기 생각을 바꿀 만한 새로운 생각으로만 개선된다."_에머슨 (Emerson)

"진정으로 현명한 생각을 수천 번 머리에 떠올렸다 하더라도 그 생각으로 진정 변하고 싶다면 그 생각이 뿌리를 내려 밖으로 표현될 때까지 반복해서 생각해야 한다." _괴테(Goethe)

"겉으로 보이는 인간의 모습은 모두 내면 생각의 표현이며 표출이다. 일을 효율적으로 하기 위해서는 생각을 분명하게 해야 한다. 고매하게 행동하려면 먼저 생각이 고매해야 한다." _채닝(Channing)★

"위대한 사람은 영적인 힘이 물리적 힘보다 강하다는 사실을 아는 사람이다. 생각이 세상을 지배한다는 진리를 아는 사람이다." _에머슨(Emerson)

"어떤 사람들은 자기 평생의 삶을 공부한다. 그러다 죽

★ 윌리엄 헨리 채닝(William Henry Channing;1810~1884). 미국의 성직자이며 철학자.

음이 임박하면 생각만 빼고 모든 것을 배웠음을 깨닫는다."_도메르그(Domergue)

"우리가 습관적으로 하는 생각이 우리의 삶을 형성한다. 그 생각의 틀은 우리가 맺는 가장 친밀한 사회적 관계보다 우리 삶에 훨씬 큰 영향을 미친다. 제아무리 막역한 벗이라도 우리가 하는 생각보다 더 우리 삶의 형태를 만드는 데 기여하지는 못한다.'_J.W.틸.(J.W. Teal)

"신이 이 땅에 유능한 사색가를 풀어놓는 순간, 모든 것이 위험해진다. 과학은 한 조각도 힘을 쓰지 못하게 되고, 그 이론은 내일 당장 뒤집힐지 모른다. 명성이 자자한, 혹은 불멸의 작품이라 불리는 문학적 성과도 비평과 거부를 면치 못하게 된다."_에머슨(Emerson)

그러니 생각하라! 생각하라! 생각하라!

| 18장 |

위대함에 관한 예수의 생각

 마태복음 23장에서 예수는 진정한 위대함과 그릇된 위대함의 차이를 알기 쉽게 설명한다. 아울러 위대한 인간이 되고자 하는 사람들이 빠지기 쉬운 중대한 위험 요인을 짚어준다. 바로, 세상의 높은 곳에 오르길 바라는 사람이라면 모두 피하고 끊임없이 싸워야 할 가장 해로운 유혹에 대해서다. 예수는 대중과 제자들에게 말하기를, 바리새인의 원칙을 따르는 것을 경계하라고 강조한다. 바리새인들이 의롭고 존경받는 재판관인지는 모르지만, 그들은 만찬 석상에서 가장 높은 자리에 앉길 좋아했고 시장에서 인사받길 좋아했으며 '주인님(Master)'이라 부름받길 원했다. 예수는 바리새인을 자신의 원칙과 비교해 이렇게 말한다.

누구든지 으뜸이 되고자 하는 자는 너희 종이 되어야 하리라.*

'위대한 사람'이라 하면 보통 사람들은 섬기는 사람보다 타인에게서 섬김받는 사람을 떠올린다. 명령을 내리는 위치에 있고 사람들에게 힘을 행사해 자기 뜻을 따르게 하는 사람을 떠올린다. 수많은 사람의 머리 위에서 힘을 행사하는 모습은 자못 위대해 보인다. 이기심 가득한 영혼에는 이보다 더 달콤한 유혹도 없을 것이다. 이 세상은 타인에게 힘을 행사하며 그들을 제 마음대로 조종하

---

* 마태복음 20:26.

려 드는 이기적이고 미성숙한 인간들로 차고 넘친다. 야만적인 인간들은 이 땅에 발을 딛는 순간부터 다른 사람을 노예로 삼으려 든다. 국가 간 전쟁, 외교 및 정치 갈등 등, 실로 오랫동안 벌어지고 있는 이 지난한 싸움은 모두 타인을 조종하려는 욕구에서 시작된 것이다. 역사 속 왕과 군주들은 어떻게 해서든 더 많은 사람을 지배하고자 힘을 키울 속셈으로 이 땅과 대지를 피로 물들였다.

오늘날 산업계에서 벌어지고 있는 전쟁을 이 '지배 법칙'과 연관해 보면 한 세기 전 유럽에서 벌어진 전쟁과 하등 다를 바 없다.* 미국의 법률가인 로버트 잉거솔(Robert Ingersoll)은 우리 시대 부호들이 다 쓰고 죽지도 못할 돈을 수중에 넣었는데도 여전히 돈을 좇으며 스스로 경쟁의 노예가 되려 하는 행태를 이해할 수 없다고 말한 바 있다. 그는 이런 태도를 일종의 광기로 보고 다음과 같이 설파한다.

---

* 이 책은 100년 전에 집필되었다.

"어떤 남자가 5만 벌의 바지와 7만 5천 개의 조끼와 10만 벌의 코트, 15만 개의 넥타이를 가지고 있다고 가정해 보자. 이 남자가 넥타이를 더 많이 가지려 비가 오나 눈이 오나 해 뜨기 전에 일어나 밤늦도록 일한다면 당신은 이 남자를 어찌 생각하겠는가?"

어쩌면 이는 적절한 예가 아닐 수 있다. 수중에 돈이 많으면 타인 위에 군림하는 게 가능할 수 있지만, 넥타이는 아무리 많이 가져봐야 그럴 수 없기 때문이다. 오늘날 부자들은 돈이 아니라 힘을 좇는다. 높은 자리에 앉으려 기를 쓰던 바리새인의 법칙을 따르는 것이다. 바리새인의 법칙을 따르면 유능한 사람이 될 수 있다. 기민한 사람도 될 수 있다. 재력가가 될 수 있다. 그러나 결코 위대한 사람은 될 수 없다.

모쪼록, 위대함에 관한 이 두 관점을 뚜렷하게 비교해 보기 바란다.

누구든지 으뜸이 되고자 하는 자는 너희 종이 되어야 하리라.

 미국인들을 모아놓고 미국 역사상 가장 위대한 인물이 누구냐고 물어보면 대다수가 에이브러햄 링컨이라고 대답할 것이다. 그 이유는 링컨이 다른 사람들 머리 위에 앉아있었기 때문이 아니다. 우리의 공공 삶을 위해 헌신한 그의 봉사 정신을 우리가 알아보았기 때문이다.

 섬김을 받는 게 아니라 섬겨야 한다. 링컨은 섬김을 실천하는 위대한 방식을 알고 있었기에 위대한 사람이 된 것이다. 나폴레옹도 마찬가지로 유능한 사람이었다. 냉철하고 명석한 사람이었다. 그러나 그는 높은 자리를 원했다.

 링컨은 위대했지만 나폴레옹은 링컨만큼 위대하지 못했다. 위대한 방식을 실천하며 발전을 거듭하다 보면 사람들이 알아보기 시작한다. 그 순간, 치명적인 위험이 다가온다. 바로, 남 일에 끼어들어 개입하고 충고하고 싶은 유혹이다. 이런 유혹은 실로 피하기 힘든 것이다. 그래도

피해야 한다. 섬김을 받으려는 유혹을 떨쳐내야 한다.

한편, 다른 사람을 섬기는 일에 한 몸 바치려는 유혹도 떨쳐내야 한다. 많은 경우 우리는 타인을 위해 봉사하는 행위를 바람직하게 여긴다. 온전한 자기희생을 예수를 닮은 태도라며 칭송한다. 하지만 이는 예수의 면모와 그 교훈을 완전히 곡해하는 것이다. 그런 오해에 관해 『새로운 예수(A New Christ)』라는 작은 책에서 설명하고 있으니 기회가 되면 읽어보길 권한다.

실로 많은 사람이 예수를 모방한다. 자신을 낮추고 선행을 베풀고자 자기 삶의 모든 걸 내려놓는다. 그러나 이런 애타주의 역시 일종의 병폐이며 야비한 이기주의와 별반 다르지 않음을 알아야 한다. 이런 애타주의 역시 위대함과는 거리가 멀다. 난처하고 어려운 상황에 빠진 사람의 외침을 들어주려는 본능이 결코 당신의 전부가 되어서는 안 된다. 그게 당신의 전부가 될 필요는 없다. 불운한 사람을 돕는 일 외에도 당신이 해야 할 다른 일이 많다. 물론, 위대한 사람의 삶과 활동은 다른 사람을 돕는 일과 크게 연관되기도 한다.

그러나 위대함을 이루는 여정을 시작하면 도움이 필요한 사람들이 자연히 찾아온다. 그들을 외면하지만 않으면 된다. 자신을 완전히 내주는 게 위대한 방식이라고 착각하는 치명적인 실수를 범해서는 안 된다.

이와 관련 있는 또 다른 관점을 소개하려 한다. 임마누엘 스베덴보리(Emanuel Swedenborg)*의 기본적 동기 분류 방식이 예수의 그것과 닮았다는 사실을 주지하라. 스베덴보리는 인간이 삶을 영위하는 기준을 두 가지로 보았다. 하나는 '순수한 사랑'이다.

다른 하나는 그의 용어대로 하면 '자기애를 위한 지배적 사랑'이다. 후자는 지위와 힘을 맹목적으로 좇았던 바리새인의 태도와 유사하다. 스베덴보리는 권력을 탐하는 이기적인 사랑을 모든 죄의 근원으로 보았다. 이것이야말로 인간의 마음속 깊이 박힌 악한 욕망의 근원이요, 거

---

* 스웨덴의 철학가이자 종교사상가(1668~1772).

기서 온갖 다른 악한 욕망이 비롯된다고 여겼다.

스베덴보리에 의하면 이런 욕망에 대치되는 개념이 바로, '순수한 사랑'이다. 그가 말하는 사랑은 신에 대한 사랑도 아니고 인간에 대한 사랑도 아니다. 그저 순수한 사랑, 그 자체를 말한다. 거의 모든 종교학자가 인간에 대한 사랑과 봉사보다 신에 대한 사랑과 봉사를 중시한다.

그러나 신에 대한 사랑만으로 권력욕을 떨치기란 쉽지 않다. 역사적으로 보더라도 신을 가장 뜨겁게 사랑했으나 전례 없는 독재자가 된 경우가 허다하지 않은가? 신을 사랑해도 독재자가 될 수 있고 인간을 사랑해도 염탐꾼이나 참견꾼이 될 수 있다.

| 19장 |

진화의 관점

    그런데 한 가지 난제가 있다. 주변에 가난하고 무지하고 고통 속에 허덕이는 사람들이 이리도 많은데 어떻게 이타주의에 투신하지 않을 수 있단 말인가. 온 사방이 손 내밀고 도움을 청하는 사람들로 가득하다면 도와줘야 한다는 느낌을 떨치기 어렵다. 게다가 이런 약자들에게 가해지는 사회적 차원의 불공정함과 부당함도 외면하기 어렵다. 이럴 때 자비로운 마음의 소유자는 뭔가 바로잡고 싶다는 욕구를 거부하기 힘들다.

급기야 팔을 걷어붙이고 개혁 운동에 나선다. 자신을 온전히 내어주지 않고는 이 모든 상황을 바로잡을 수 없다고 결론 내렸기 때문이다.

여기서 우리는 다시 '관점'의 문제로 돌아가야 한다. 이 세상은 잘못된 게 없고 오로지 무엇인가 되기 위해 나아가는 과정에 있다는 진리로 돌아가야 한다.

의심의 여지없이 이 지구상에는 생경체가 없던 시절이 있었다. 지질학자들의 증언을 보더라도 지구는 한때 불타는 가스 상태였으며 녹아내리는 바윗덩어리와 뜨거운 증기로 가득한 곳이었다. 그런 환경에서 어떻게 생명체가 생겨났는지 우리는 알지 못한다.

지질학자들은 이후 지구의 표면 온도가 내려가면서 딱딱한 지각층이 만들어졌고 증기가 응결되어 안개가 되거나 비로 떨어졌다고 본다. 그리고 차갑게 식은 지구 표면이 부스러져 흙이 되고 쌓인 수분이 호수와 바다로 합쳐지면서 수중이나 육지에 드디어 살아있는 존재가 출현했다고 본다. 그렇게 지구상에 나타난 최초의 유기체는 단

세포 생물이라고 보는 게 일반적이다.

그런데 우리가 놓치는 게 있다. 이 단세포 뒤에서 자신을 드러내길 끊임없이 갈망하는 유일하고도 위대한 생명(the Great One Life)이 있었다는 사실이다. 그에 힘입어 단세포 생물이 자신을 드러내기에 벅찰 정도로 많은 생명을 품게 되었고 지구상의 생명체는 두 개의 세포, 다수의 세포로 발전을 거듭했다.

다세포 생물은 점차 식물, 나무, 척추동물, 포유류로 이어졌다. 그 시대의 생명체는 대부분 외양이 지금과 달랐다. 그러나 신이 창조한 모든 게 그렇듯, 그 생명체 모두 그 나름의 단계에서 나름대로 완벽했다. 동물이든 식물이든 겉모습은 조악하고 기괴했겠지만, 무엇 하나 예외 없이 그 시기에 적합한 목적의식으로 충만했다. 모든 게 더할 나위 없이 훌륭했다.

그러다 다른 시대가 왔다. 바야흐로 '진화'의 위대한 과정이 시작된 것이다. 새벽 별이 입을 모아 노래하고 천사들이 기뻐 외치는 시대가 온 것이다. 바로 인류의 출현이다. 이 세상이 창조되면서부터 품어졌던 근원적 목적인 인간, 유인원이 마침내 나타난 것이다. 외양은 짐승과 조금 다른 정도지만 유인원은 성장하고 생각하는 능력이 확연히 다른 존재였다. 유인원의 영혼에는 미처 개발은 안 됐지만, 예술과 미학, 건축학, 노래. 시, 음악에 관한 놀라운 가능성이 잠재되어 있었다. 당연히, 유인원 역시 그 시대 나름대로 더할 나위 없이 훌륭했다.

사도 바울은 이렇게 말했다.

> 너희 안에서 행하시는 이는 하나님이시니 자기의 기쁘신 뜻을 위하여 너희에게 소원을 두고 행하게 하시나니.*

첫 인류가 등장한 날부터 신은 인간의 내면에서 일하기 시작했다. 세대에서 세대로 이어지는 동안 신은 더 많

---

* 빌립보서 2:13.

은 자신을 인간 내면에 쏟아부었다. 그래서 인간이 더 큰 업적을 이루고 개체적으로, 또 사회적으로 더 나은 환경을 만들 수 있게 독려했다. 그러나 고대 역사를 들여다보면 그때 상황이 그다지 바람직하지 못했음을 알 수 있다. 그 시대는 야만성, 우상숭배, 고통이 만연했다. 물론, 그때도 신은 일하고 있었다. 그래서 인간은 신이 가혹하고 불공평하다고 여기고 생각하기를 멈추기도 했다. 그러나 유인원 시대부터 예수가 올 때까지 인류의 진화만큼은 멈춘 적이 없다. 결코 쉰 적이 없다. 이는 인간 뇌에 품어진 그 다채로운 힘과 능력이 부단히 가동되었기에 가능했다. 오직 그랬기에 가능한 일이었다.

이 모두 신이 자신을 드러내기를 원하기 때문이다. 신은 형태를 입어 드러나기를 원한다. 가장 도덕적이고 가장 신성한 토대 위에 자신을 형태로 드러낼 수 있기를 원한다. 그리고 신은 그 형태가 발전되기를 원한다. 그 형태 안에서 신으로 살고 신으로 발현되기를 원한다. 이것이 바로 인류 진화를 가능케 하는 힘의 목적이다. 전쟁, 혈

투, 고통, 불의, 잔인함이 만연했던 시대가 있었지만, 그런 시대도 시간이 흐르면서 결국에는 다양한 방식으로 진정 국면을 맞았다.

오늘날 인류 진화는 신의 사랑과 정의를 온전하게 드러낼 수 있는 단계에 이르렀다. 물론 그렇다고 인류 진화 과정이 끝난 것은 아니다. 신의 목표는 과일가게에서 제일 알이 굵은 딸기를 맨 위에 올려놓듯, 몇 종의 생물체를 완벽하게 빚어내 전시하는 데 있지 않다. 신의 목표는 인류의 영광에 있다.

때가 되면 하나님의 왕국이 이 땅에 건설될 것이다. 파트모스 섬(the Isle of Patmos)*의 꿈이 이루어지는 날, 그때는 울음소리가 멎고 고통도 사라질 것이다. 예전 존재들은 모두 사라지고 거기에는 밤도 없을 것이다.

---

* 에게해의 조그마한 그리스 섬의 하나로, 성경 요한계시록에서 언급된 지역으로 유명하다.

| 20장 |

신을 섬기라

이제 이 책의 두 장만을 남겨놓고 있다. 이 시점에서 드디어 '의무'에 대한 의문을 풀어보고자 한다. 이 책의 내용을 진지하고 성실하게 이해하고자 노력하는 과정에서 많은 사람이 궁금해하고 혼란스러워하는 주제가 바로 이 '의무'에 관한 것이다. 사람들은 '의무'와 관련된 문제를 해결하는 데 어려움을 느낀다.

위대함을 이루는 과학을 삶에서 적용하고 실천하기 시작하면 주변 관계를 재조정해야 할 필요를 느낄 수 있다.

친구가 멀어질 수도 있고 친척의 오해를 살 수도 있고 당신에게서 무시당했다고 느끼는 지인도 생길 수 있다. 역사적으로 위대한 인물 중에도 가까운 관계에 있던 사람들로부터 이기적이라는 평판을 들은 이가 있었다. 여기서 제기하고 싶은 의문이 있을 것이다.

다른 모든 것에서 눈을 돌리고 오로지 최상의 나를 이루려 힘쓰는 것이 나의 의무인가? 주변 사람들과 마찰이 생기지 않을 때까지, 나 때문에 손해 입는 이가 없을 때까지 기다려야 하는 것은 아닌가? 이는 요컨대, 당신 자신을 위한 의무와 타인에 대한 의무 중 어떤 것이 더 중요한가 하는 문제이다.

이 세상에 대한 의무에 관해서는 앞에서 자세히 기술한 바 있으므로 이제는 신에 대한 당신의 의무에 관해 생각해보고자 한다. 실로 많은 사람이 신을 위한 의무를 놓고 불안까지는 아니더라도 확신을 갖지 못한다. 그래서 미국만 보더라도 교회 사역이나 교회 활동 등 신을 위해 엄청난 시간을 들여 봉사한다. 실로 엄청난 양의 에너지가 신을 위한 봉사에 소비되고 있다. 여기서 신을 섬긴다는 것이 과연 어떤 의미이며, 신을 어떻게 섬기는 것이 최선인지 잠시 짚어보려 한다. 무엇보다 신을 섬기는 것에 대한 일반적인 견해가 어떻게 잘못됐는지 설명해 보겠다.

히브리 백성을 노예의 삶에서 구해내고자 이집트로 간 모세는 파라오에게 하나님의 이름으로 이렇게 천명했다.

내 백성을 보내라, 그들이 나를 섬길 것이니라.*

모세는 이스라엘 백성들을 광야로 인도했고 이전과 달라진 환경에서 새로운 방식으로 예배를 드려야 했다. 이때 사람들은 예배가 하나님을 섬기는 방식으로 이루어질 거라 예상했다. 그런데 하나님은 어떤 형식의 봉헌도 제물도 번제도 원하지 않는다고 선언했다.

예수도 회중이 자신의 가르침을 제대로 이해한다면 기

★ 출애굽기 8:1.

존의 성전 예배가 굳이 필요하지 않다고 말했다. 하나님은 아무것도 부족함이 없으므로 사람이 손, 몸, 목소리로 하는 경배로도 족하게 여긴다. 사도 바울도 하나님은 아무것도 필요치 않기에 인간이 하나님을 위해 할 수 있는 것은 아무것도 없다고 말한 바 있다.

우리가 아는 한 진화적 관점에서의 신은 인간을 통해 자신을 드러내기를 원한다. 지금껏 시대가 이어지는 동안, 신은 인간을 가장 높은 곳으로 끌어 올리면서 그 한편으로 자신을 드러낼 방법을 모색해 왔다. 세대가 바뀔 때마다 인간은 이전 세대보다 조금씩 신에 가까워졌다. 그 결과 인간은 세대가 바뀔 때마다 그 전 세대보다 더 나은 집, 더 좋은 환경, 더 쾌적한 노동, 휴식, 여행, 공부할 기회를 원하고 있다.

근시안적 경제학자들이 오늘날의 노동자들은 노동환경에 만족해야 한다고 주장하는 것을 들은 적 있다. 창문하나 없는 오두막에서 돼지를 벗 삼아 짚 더미를 덮고 자야 했던 이백 년 전 노동자들을 생각하면 그때와 비교도 안 되게 조건이 좋아졌다는 이유다. 그러나 이백 년 전 노동자들도 지금과 다르지 않다. 그들이 사는 데 필요한 모든 걸 갖추었다고 여겼다면 만족해했을 것이요, 결핍을 느꼈다면 만족하지 못했을 것이다. 지금 사람들은 불과 얼마 전까지만 해도 알지 못하던 정도의 편안한 집과 많은 것들을 누리고 있다. 삶을 영위하는데 상상할 수 있는 모든 것을 전부 갖췄다고 느끼면 누구든 만족스러울 것이다. 그러나 지금 우리는 어떤가? 우리는 만족하지 못하고 있다. 평범한 사람도 자기 능력으로 가능한 수준보다 어떻게든 더 낫고 더 바람직한 삶을 원한다. 신이 우리 인간을 그런 수준으로 끌어올렸기 때문이다.

이런 사실을 감안할 때, 또 인간이 더 나은 삶을 이룬 자기 모습을 선명하게 그려볼 수 있다고 가정할 때, 인간이 지금 삶에 만족하기란 쉽지 않을 것이다. 당연한 일인지도 모른다. 그러나 바로 이 불만족이 있기에 더 나은 삶을 꿈꾸며 나아갈 수 있도록 신이 인간을 독려할 수 있는 것이다. 그 목적지에는 신이 인간을 통해 자신을 드러내고자 하는 염원이 있다.

너희 안에서 행하시는 이는 하나님이시니 자기의 기쁘신 뜻을 위하여 너희에게 소원을 두고 행하게 하시나니.*

당신이 신에게 봉사할 수 있는 유일한 방법은 신이 당신을 통해 세상에 주고자 하는 바를 드러내는 것이다. 또한 최상의 당신을 이루어 신이 최상의 당신 안에 거할 수 있게 하는 것이다. 이 책에 앞서 쓰인 『부는 어디서 오는가-부의 비밀(The Science of Getting Rich)』**에서 피아노 앞에 앉은 한 소년의 이야기를 한 바 있다. 소년의 영혼은 미숙한 손으로 신을 드러낼 길을 찾을 수 없어 난감해했다. 이는 위대함과 관련해 신이 우리에게 어떻게 일하는지 보여주는 좋은 사례이다. 신이 우리 위에서, 옆에서,

---

* 빌립보서 2:13.
** 본 출판사에서 한글 번역본이 같은 제목으로 출간됨.

안에서 위대함을 이룰 길을 찾으면 우리는 신의 뜻을 이루고자 우리의 손, 발, 정신, 두뇌, 몸을 훈련한다.

요컨대 신에 대한, 아울러 자신과 세상에 대한 첫째 의무는 가능한 모든 면면이 위대한 인간이 되는 것이다. 이것이야말로 '의무'에 관한 문제의 해답이라 할 수 있다. 이 장을 마치기 전에 한두 가지 또 다른 해답을 제시하려 한다. 앞장에서 '기회'에 관한 이야기를 한 바 있다. 『부는 어디서 오는가-부의 비밀』에서 인간은 누구나 부유해질 힘을 가지고 있다고 했듯, 인간은 누구나 위대해질 힘을 지니고 있다.

이는 일반적으로 진실이긴 하나 한두 가지 조건이 붙을 수는 있다.

우선, 유물론적 사고관을 지닌 사람은 이 책에서 다룬 철학적 개념을 전혀 이해할 수 없을 것이다. 또한, 이제껏 나름대로 살아온 방식이 있어 이 책의 지침대로 생각하는 게 현실적으로 힘들거나 책에 담긴 내용을 받아들일 수 없는 사람도 있을 것이다. 이런 사람들에게는 이 책의 내용을 실천한 실제 삶을 보여줄 필요가 있다. '실연(實演)'만이 이들을 움직일 유일한 방법이다. 사실, 이 세상은 교육보다 실연이 더 필요하다. 세상 사람들을 위해 당신이 해야 할 일이 바로 여기에 있다.

바로, 당신이 위대한 존재가 되는 것이다!

그들이 눈으로 당신을 보고 당신처럼 되고 싶다는 염원을 품을 수 있도록 위대해지라. 당신이 위대해지는 건 다른 존재를 위하는 일이다. 당신이 위대해지는 건 세상을 위하는 길이다. 당신이 위대해지면 다음 세대는 그들이 생각할 수 있는 더 나은 환경을 갖게 된다.

주지할 점이 또 있다.

위대한 사람이 되고 싶어 세상에 나가려 하지만 가족을 부양하는 문제로 발목이 잡힌 사람들의 편지를 자주 읽게 된다. 그들은 자신이 떠나면 가족들이 힘들어질까 봐 두려워한다. 일반적으로 그런 사람들에게 주는 충고는 두려움 없이 세상에 나가 최상의 자신을 만들라는 것이다. 가족에게 다소 어려움이 따르더라도 잠시 그리 보일 뿐이다. 당신 안에 거하는 성령의 인도를 따르라. 그리고 믿어라. 위대해지면 당신은 이전과 비교도 안 되게 가족을 훨씬 잘 돌볼 수 있게 될 것이다.

| 21장 |
마음 훈련

　마음 훈련의 목적을 곡해해서는 안 된다. 마음 훈련은 그럴듯한 단어를 줄줄이 엮어 읊는다고 되는 게 아니다. 입으로만 기도문을 반복해서 외우는 것도 별 쓸모없다. 마음 훈련은 말 그대로 훈련이다. 물론 반복은 중요하다. 단, 단어 반복이 되어서는 안 된다. 특정한 생각을 반복해야 한다. 괴테가 말한 대로 특정 구절을 반복해서 들으면 그게 확신으로 굳어진다. 우리가 꾸준히 반복해서 하는 생각은 습관이 되고 그게 우리를 만든다.

마음 훈련의 목적은 특정 생각을 반복해서 그 생각을 마음속에 습관화하기 위함이다. 당신의 마음이 항상 그 생각을 하는 것이다. 이런 목적을 제대로 또 올바르게 이해한다면 마음 훈련은 큰 가치를 얻는다. 단, 누구나 하는 방식으로 하면 안 하느니만 못하다.

지금부터 마음 훈련을 하면서 어떤 생각을 떠올려보라. 그 생각이 바로 당신이 원하는 생각이다. 마음 훈련은 매일 한두 차례 하면 되지만 생각은 계속 반복해야 한다. 하루 동안 시간을 정해 놓고 한두 차례 생각하고 나머지 시간 동안 잊어도 된다는 뜻이 아니다. 이 훈련은 당신이 그 생각을 계속할 수 있도록 생각에 형태를 입혀 각인시키는 것이다.

20분에서 30분 정도 아무런 방해를 받지 않을 수 있는 시간을 확보하라. 그런 다음 우선 편안한 자세를 취하라. 의자나 소파에 편안히 기대거나 침대에 누워도 좋다. 등을 곧게 펼 수 있는 자세가 가장 좋다. 만약 따로 시간 내기 힘들다면 밤에 잠들기 전, 아침에 눈 떴을 때 침대에서 해도 좋다.

먼저 생각을 떠올리고 그 초점을 머리끝에서 발끝까지 천천히 움직여 간다. 이때 생각이 지나가는 부위의 모든 근육을 이완시켜라.

몸에서 힘을 완전히 빼라. 고민거리나 질병에 관한 생각을 머리에서 지워내라. 생각의 초점이 척추를 지나 말단 신경까지 천천히 움직여 가며 다음과 같은 생각을 한다.

내 온몸을 지나는 모든 신경은 완벽한 질서 속에서 움직인다. 나는 그 신경을 조종할 수 있다. 내게는 신경을 다스리는 위대한 힘이 있다. 그 힘은 실로 위대하며 막강하다.

다음은 생각의 초점을 폐에 맞추고 생각하라.

나는 지금 깊고 고요히 숨 쉬고 있다. 바깥 공기가 폐의 세포마다 채워진다. 더할 수 없이 완벽한 상태다. 피가

정화되고 맑아진다.

다음은 심장으로 옮아갈 차례다.

내 심장은 쉼 없이, 기운차게 뛰고 있다. 내 몸속에서는 혈액 순환이 말초 신경까지 완벽하게 이루어지고 있다.

다음은 소화기관으로 옮겨 간다.

나의 위장, 소장, 대장은 저마다의 기능을 완벽하게 수행하고 있다. 소화가 잘 이루어져 영양분이 골고루 흡수되어 내 몸은 회복되고 있다.

내 간, 콩팥, 방광도 막히거나 아픈 데 없이 저마다의 기능을 충실히 수행하고 있다. 나는 완벽하게 건강하다. 내 몸은 편안하고, 내 마음은 고요하며, 내 영혼은 평온하다.

나는 재정 문제나 그 어떤 문제에 관해서도 걱정하지 않는다. 내 안에 거하는 신은 내가 원하는 모든 것에도 거한다. 그래서 그것들을 모두 내게로 당겨온다. 내가 원하는 모든 것은 이미 내게 주어졌다. 고로, 나는 내 건강에 대해서도 걱정이 없다. 나는 완벽하게 건강하기 때문이다. 나는 그 어떤 것도 걱정하거나 두려워하지 않는다.

나는 비도덕적으로 악한 모든 유혹을 떨쳐냈다. 모든 욕심, 이기심, 졸렬한 사욕도 떨쳐냈다. 살아있는 그 어떤 영혼에도 시기심이나 악의나 증오심을 품지 않는다. 나의 가장 고매한 생각에 부합되지 않는 그 어떤 행동도 하지 않을 것이다. 나는 올바르며, 그렇기에 올바르게 살 것이다.

관점(Viewpoint)
이 세상 모든 것이 올바르다. 세상 모든 것이 완벽하며 모두 완성을 향해 나아간다. 나는 이 세상의 사회, 정치,

산업계를 둘러싼 제반 현상들을 오로지 이 고매한 관점을 통해서만 생각할 것이다. 모든 게 더할 나위 없이 훌륭하다고 생각할 것이다. 나는 모든 인류, 내가 아는 모든 사람, 친구, 이웃, 가족도 똑같은 관점으로 바라볼 것이다. 그들 모두 훌륭하다. 이 우주에는 아무것도 잘못되지 않았으며 잘못될 수 없다. 잘못될 여지가 있다면 오로지 나의 개인적 태도뿐이다. 따라서 나는 지금부터 바로잡아 나갈 것이다. 전지전능의 신을 전적으로 신뢰할 것이다.

봉헌(Consecration)

나는 내 영혼에 순종하며 내 안의 가장 고매한 존재에 진실할 것이다. 나는 세상 만물에 깃든 순수하고 올바른 생각을 내 내면에서 찾아낼 것이며 그 생각을 내 삶의 밖으로 드러낼 것이다. 나는 내가 생각할 수 있는 최고의 생각을 붙잡기 위해 그에 맞지 않는 모든 것을 폐기할 것이다. 나는 내가 맺고 있는 모든 관계에서 가장 고매한 생각을 품을 것이며 그 생각들을 태도와 행동으로 세상에 드러낼 것이다. 나는 마음이 내 몸을 다스리게 할 것이다. 또, 내 마음은 영혼에 무릎 꿇게 할 것이며 영혼은 신의 인도에 따르게 할 것이다.

합일(Identification)

이 우주에는 단 하나의 유일한 물질, 유일한 원천이 있다. 나는 그로부터 만들어졌고 나는 그 원천과 하나로 이어져 있다. 그분은 나의 아버지시다. 나는 그분에게서 나왔다. 그분과 나는 하나이며 그분은 나보다 위대하시니 나는 그분 뜻대로 행할 것이다. 나는 그 순수한 영과 의식적인 합일을 이룰 것이다. 그분은 유일하나 모든 곳에 거하신다. 나는 '불멸의 의식(Eternal Consciousness)'인 그분과 하나이다.

이상화(Idealization)

스스로 되고 싶은 모습을 머릿속에 그려라. 상상할 수

있는 한 가장 위대하게 그려라. 그리고 잠시 그 그림에 집중하면서 생각하라.

이것이 진정한 나의 모습이다. 이것이 내 온전한 모습이며 완성을 향해 나아가는 모습이다. 나는 이 세상의 사회, 정치, 산업계를 둘러싼 제반 현상들을 오로지 이 고매한 관점을 통해서만 생각할 것이다. 모든 게 더할 나위 없이 훌륭하다고 생각할 것이다. 나는 모든 인류, 내가 아는 모든 사람, 친구, 이웃, 가족도 똑같은 관점으로 바라볼 것이다. 그들 모두 나름대로 완벽하게 훌륭하다. 이 우주에는 아무것도 잘못되지 않았으며 아무것도 잘못될 수 없다. 잘못될 여지가 있다면 오로지 나의 개인적 태도뿐이다. 따라서 나는 지금부터 바로잡아 나갈 것이다. 전지전능의 신을 전적으로 신뢰할 것이다.

현실화(Realization)

내 안에는 내가 되고자 하는 사람이 되게 해주는 힘이 있다. 그 힘의 주인은 바로 나다. 나는 창조 에너지를 발휘할 수 있다. 나는 모든 힘의 주인이다. 나는 그 막강한 힘과 완벽한 확신을 기반으로 떨치고 일어나 앞으로 나아갈 것이다. 나는 신의 강함에 의지해 위대한 일을 해낼 것이다. 나는 믿는다. 두려워하지 않는다. 신이 나와 함께하기 때문이다.

| 22장 |

요약

모든 인간은 하나의 지적인 물질에서 만들어졌다. 고로 인간은 누구나 본질적으로 같은 힘과 능력을 지녔다. 마찬가지로 '위대함' 역시 모든 인간에게 공평하게 깃들어 있으며 그 위대함을 드러낼 기회도 공평하게 주어졌다. 인간은 누구나 위대해질 수 있다. 신을 구성하는 모든 요소는 인간을 구성하는 모든 요소이기도 하다.

인간은 타고난 영혼의 창조력을 발휘하면 유전과 환경을 극복할 수 있다. 위대해지고 싶다면 영혼이 움직여 마음과 육체를 다스려야 한다.

　인간의 지식은 한계가 있어 그 무지함으로 실수를 저지를 수 있다. 이런 일을 막으려면 자신의 영혼과 우주의 영(靈)이 이어지도록 해야 한다. 우주의 영은 이 세상 만물이 비롯된 지적 물질이다. 그것은 모든 사물 안에 존재하며 모든 사물에 스며 있다. 고로 우주의 영은 모든 것을 알고 있다. 그와 하나가 되면 인간은 모든 지식으로 통하는 문을 열 수 있다.

　이를 위한 지침은 다음과 같다.

　신과 분리될 만한 모든 행위를 금하라. 당신은 신성한 삶을 살아야 한다. 비도덕적인 모든 유혹을 과감히 떨쳐내라. 당신이 품은 가장 고매한 생각에 부합되지 않는 행동은 모두 폐기하라.

　올바른 관점을 견지하라. 신은 모든 존재요, 모든 존재 안에 거한다. 고로 이 세상에는 아무것도 잘못된 게 없다. 당신은 이 진리를 반드시 깨달아야 한다. 당신은 오늘날 자연, 사회, 정부, 산업은 지금 단계에서 나름대로 완벽하며 완성을 향해 발전하고 있다는 사실을 알아야 한다. 이 세상 모든 인간은 모두 훌륭하고 완벽하다. 세상 모든 것은 올바르다. 이 올바른 세상을 완벽한 세상으로 완성하기 위해 당신은 신과 협력해야 한다. 진정으로 위대해지고 싶다면 신을 만물 속에 거하는 위대한 성장의 원천으로 바라보라.

당신 내면에 거하는 지고의 존재에게 전심으로 봉헌하라. 그 영혼의 소리에 순종하라. 당신 안에는 '내면이 빛'이 있으며 그 빛이 당신을 가장 높은 곳으로 부단히 밀어 올린다. 위대해지고 싶다면 그 빛이 이끄는 대로 따르라.

당신이 신과 하나임을 깨달아야 한다. 더불어 다른 사람들도 신과 하나임을 알아야 한다. 당신이 신들 속의 신 같은 존재임을 명심하고 그에 맞춰 행동해야 한다.

진실을 알아보는 당신의 지각력을 절대적으로 믿되 그 믿음을 먼저 가족을 상대로 실천하라. 작은 일이라도 그 속에서 진실과 올바른 길이 보인다면 그 길을 따라가라.

생각 없이 행동하지 말라. 끊임없이 생각하되 그 생각

안에서 최대한 성실하게 임하라.

당신 안에 잠재된 가능성을 최대치로 이룬 당신 모습을 마음속에 떠올리고 그게 습관이 될 때까지 생각 형태로 견지하라. 그 생각 형태를 구체적인 비전으로 각인시켜라. 그래서 그 생각 형태가 당신 밖에서 실현될 수 있도록 행동으로 드러내라

어떤 일이라도 위대한 방식으로 하라. 가족이나 이웃, 지인, 친구 등을 대할 때도 가장 고매한 생각에 맞추어 행동하라. 올바른 관점으로 온전히 몰입하는 사람, 자기 내면의 위대함을 완벽하게 이상화한 사람, 사소한 행동에서도 그 이상을 드러낼 줄 아는 사람은 이미 위대함을 이룬 사람이다. 당신이 이런 사람이라면 당신이 하는 모든 일은 위대한 방식으로 이루어질 것이다. 당신은 힘을 지닌 사람으로 세상에 알려지고 사람들로부터 인정받을 것이다. 당신은 영감을 통해 지식을 얻을 것이며 당신이 알아야 하는 모든 지식을 확보하게 될 것이다. 당신은 생각 속에서 형상화했던 물질적 부를 이룰 것이다. 제아무

리 복잡한 상황이 닥쳐도 감당할 능력을 얻게 될 것이다. 당신의 성장과 발전은 빠르고도 지속적으로 이루어질 것이다.

위대한 일이 당신을 좇고 당신을 찾아낼 것이다. 모든 사람이 기쁘게 당신에게 경의를 표할 것이다. 지금까지 이 책의 모든 내용과 지침을 공부한 당신을 위해 에머슨의 수상록, 『초영혼(Oversoul)』에 수록된 몇 구절로 이 책을 마무리하려 한다. 이 수상록은 일원론의 근본 원칙과 더불어 '위대함을 이루는 과학'의 원칙을 제시하고 있다. '초영혼'의 원칙이 본서의 내용과 어떻게 일맥상통하는지 주의 깊게 살펴보길 권한다.

초영혼(Oversoul)

범우주적으로 관찰되는 이 '결핍'과 '무지'는 어째서 존재하는가? 혹시 위대한 영혼이 그 내면의 거대한 염원을 은근한 방식으로 드러내는 것인가? 어째서 우리 인간의 이야기는 이제껏 자연의 역사 속에 제대로 쓰인 적이 없는 듯 보이는가? 어째서 인간은 어떤 책에서든 제대로 다루어지지 못하고 고루한 존재로만 느껴지는가? 어째서 인간을 논하는 형이상학은 무가치하게만 느껴지는가? 6천 년이란 장구한 역사를 지닌 철학은 우리 인간 영혼의 저장소를 아직도 찾지 못한 듯 보인다. 인간에 관한 실험은 늘 여지를 남겼고 가장 최근의 연구와 분석에서도 그 문제는 해결되지 않았다. 우리 인간은 그 원천이 가려진 고독한 강줄기인가?

우리의 자아는 늘, 어디서 흘러들었는지 모르게 우리에게 스며 들어온다. 제아무리 정교한 계산기라 해도 어떤 변수가 우리 삶의 바로 다음 순간에 개입될지 선견지명을 발휘할 수 없을지니. 이 모든 것을 감안할 때 나는 세상 모든 일, 세상 모든 순간에는 우리 인간의 의지를 넘어서는 더 차원 높은 어떤 근원이 존재한다는 사실을 인정하지 않을 수 없다.

우리가 몸으로 겪는 일과 마찬가지로 우리의 '생각'도 그러하다. 눈에 보이지 않는 그 어디에서 시작돼 내 안으로 흘러들어 오는 이 고요한 존재의 강줄기를 보고 있노라면 나는 감상자가 되어 그 오묘한 신비로움에 경탄을 금치 못한다. 경외하는 마음으로 몸을 낮추어 그것을 받고자 할 때면 알 수 없는 힘으로부터 마음속에 어떤 영상들이 떠오른다.

그 영묘한 강은 과거로부터 현재에 이르기까지 우리가 저지른 모든 실수에 대한 최고의 논평가일지니. 세상 모든 필연에 대한 유일한 예언자일지니. 이 땅을 대기가 부드러운 팔로 감싸듯, 우리가 편히 쉴 수 있는 위대한 자연일지니. 이것이 바로, '초영혼'이다. 초영혼은 우리 개개의 모든 자아를 그 속에 품는다. 그래서 하나를 이룬다.

초영혼은 공통의 마음이다. 그 마음에 이어지면 이 세상 모든 대화가 진실해진다. 모든 행동이 의로움에 고개를 숙인다. 초영혼은 우리의 속임수와 술수를 제어하는 초월적 힘을 지닌 존재이다. 그 힘에 닿으면 우리는 혀끝이 아닌 인격으로 말할 수밖에 없다. 자신을 있는 그대로 보게 된다. 초영혼은 우리의 몸, 우리의 생각에 스며 우리 안에서 지혜가 되고 미덕이 되고 능력이 되고 아름다움이 된다. 그게 초영혼의 바람이요 목적이다. 우리는 입자로, 조각으로, 부분으로 그 안에서 하나를 이루어 살아간다.

인간의 내면에는 통합적 영혼이 존재한다. 현명한 침묵이요, 범우주적인 아름다움인 그 영혼 안에서 모든 입자와 조각은 평등하게 이어진다. 그 영혼은 영원한 하나이다. 모든 인간은 이다지도 심오한 힘 안에 거할 수 있는 축복을 입었다. 이 심오한 힘은 저절로 충족되거나 매 순간 완벽하게 발휘되지 않는다. 우리 눈에 보이는 사물, 감상자와 풍경, 주체와 객체는 모두 하나일지니. 우리는 세상 만물을 해, 달, 동물, 식물 등 조각으로 보지만, 이 모든 조각을 빛나게 하는 것은 통합적 영혼일지니.

이 통합적 지혜의 눈으로 사물을 본다면 인간은 천상의 별자리를 읽을 수 있게 된다. 우리 안에는 더 고매한 생각이 있으며 예언의 영이 거한다. 그 힘에 의탁했을 때, 오로지 그리할 때 인간은 이 우주가 말하는 바를 알 수 있다. 초영혼의 생명력을 입은 사람이 하는 말은 같은 생각 속에 살지 않는 사람의 귀에는 허무하게 스치고 말 것이다.

내가 감히 여기서 초영혼을 대변할 수는 없다. 내 말은 초영혼의 존엄함을 결코 담을 수 없기 때문이다. 내가 하는 말은 하나같이 부족하고 냉정하기 때문이다. 오로지 초영혼만이 영감을 줄 수 있다. 초영혼의 말은 불어오는 바람처럼 서정적이고 포근하며 범우주적일지니!

비록 신성한 말을 쓰지 못해 불경스러운 단어를 동원해야 하나 내게는 염원이 있다. 이 신성한 천국을 드러내고자 하는 염원이 있다. 지고의 법칙이 지닌 지극한 단순함, 그리고 그 위대한 힘에 관해 그간 깨우친 바를 전하고자 하는 염원이 있다.

대화를 나눌 때, 명상에 잠길 때, 회한에 젖을 때, 정열에 빠질 때, 놀랐을 때, 꿈속에서 인도받을 때 어떤 일이 일어나는지 생각해 보라. 그럴 때 우리는 가면 뒤에 숨는 자신을 본다. 그러나 이 흥미로운 가면이 오히려 참된 것을 확대하고 부각한다. 그리하여 우리는 더 뚜렷하게 보게 된다. 그리하여 우리는 그 품은 비밀을 더 크게, 더 밝게 드러내 보이려는 자연의 속내를 포착하게 된다. 인간의 영혼이 한낱 기관이 아니었음을 알게 된다. 오히려 인간의 모든 기관에 숨을 불어넣고 살아가게 해주는 힘이 영혼이었음을 알게 된다.

영혼은 우리의 기억하고 계산하고 비교하는 능력에만, 그런 기능에만 관여하지 않는다. 우리가 손과 발을 움직여 많은 일을 하듯, 영혼은 우리가 지닌 모든 능력을 이용한다. 영혼은 단순한 능력이 아니라 빛이다. 영혼은 단순한 지력이나 의지가 아니라 지력과 의지를 주관하는 힘이다. 우리 존재를 감싸는 가장 거대한 풍경이다. 그 무엇에도 소유되지 않고, 또 소유하지 않는 무한의 광대함이다.

내 안에서 또 내 등 뒤에서 한 줄기 빛이 나를 통과해 세상을 비춘다. 나는 아무것도 아니며 그 빛이 전부임을 깨닫는다. 인간은 모든 지혜와 선의가 머무는 성전의 전면(前面)이다. 우리가 흔히 '사람'이라 칭하는 존재는 오로지 먹고, 마시고, 경작하고, 수를 세면서 그 자신을 제대로 드러내지 못하고 있다. 우리는 이 같은 존재를 앙망할 수 없다. 그러나 영혼이 그의 행동을 통해 드러난다면 우리는 그 앞에 무릎을 꿇게 될 것이다. 영혼이 그의 지력을 통해 숨 쉬면 그는 천재가 될 것이요, 그의 감정을 통해 흐르면 사랑이 될지니.

이 모든 과정은 산술적으로 계산되지 않고 나름의 법칙에 따라 진전된다. 영혼의 진보는 직선 운동으로 구현되는 단계별 발전이 아니라 변형으로 구현되는 형태적 발전이다. 알에서 벌레로, 벌레에서 파리로 바뀌는 '변태(變態)'에 의한다.

천재성은 그 성장이 총체적 특성을 띤다. 이 우주가 처음에는 이 사람에게, 다음은 저 사람에게 주는 식으로 개인을 골라 천재성을 주고 비교를 통해 열등감이란 고통을 주려는 게 아니다. 성장은 성장통이 따르기 마련이다. 성장통을 겪을 때마다 인간은 자기가 있는 자리를 넘어서고 그 존재를 더 키우게 된다. 그래서 더 넓은 인간 집단과 군집으로 확장된다. 성장하는 마음은 신성한 자극이 주어지는 지점마다 가시적이고 유한한 얇은 껍질을 찢고 영원의 세계로 나와 그 속의 대기로 호흡한다. 그 대기로부터 영감을 얻는다.

이것이 도덕성의 법칙이요, 마음 성장의 법칙이다. 성장은 그 영혼이 특정 미덕이 아닌 모든 미덕의 영역으로 확장되는 것이다. 우리의 근원은 이 모든 것을 품고 있는 영의 마음 안에 있다. 영혼은 인간 개개인의 미덕을 초월한다. 영혼은 순수함을 요구하지만, 순수함 자체는 아니다. 영혼은 정의를 요구하지만, 정의 자체는 아니다. 영혼은 자비를 요구하지만, 자비 자체도 아니다. 영혼은 그 모든 걸 넘어서는 상위의 개념이다. 도덕적 본성에 대한 논의를 그만두고 영혼이 요구하는 미덕을 간구할 때 우리는 겸손과 순응을 체험한다.

왜냐하면 순수하게 행동하는 영혼의 모든 덕목은 고통스럽게 얻어지는 게 아니기 때문이다. 영혼은 자연스럽게 배어있다. 영혼의 마음에 말을 거는 순간, 사람은 그 자리에서 미덕을 갖춘 사람이 된다. 이렇게 영혼과 이룬 합일은 지적 성장의 근간이 되며 그 개인은 영혼의 성장과 같은 법칙에 따라 성장해 간다. 겸손과 정의, 사랑과 열정을 실천할 수 있는 사람은 이미 과학, 예술, 시, 화술, 행동, 기품을 관장하는 지휘대 위에 서 있다. 이렇게 지극히 아름다운 마음으로 사는 사람은 세상을 보는 고매한 눈도 얻게 된다. 사랑하는 사람 눈에는 연인의 모든 게 좋아 보이는 법이다.

사랑하는 사람은 연인에게 아무런 재능이나 재주가 없어도, 정말이지 아무 능력이 없어도 사랑한다. 마찬가지로, 지고의 영혼에 자신을 내어놓은 마음은 모든 존재로 이어지는 축복을 입는다. 그래서 자신에게 필요한 지식, 필요한 힘으로 향하는 비단길을 걸어가게 된다. 이 근원적이고 원천적인 마음으로 올라서면 그때, 우리는 존재의 주위를 가없이 맴도는 일을 멈추고 그 즉시 세상의 중심으로 들어갈 수 있다. 그곳은 신의 서재와도 같아서 그

곳에서 우리는 세상 모든 일의 원인을 볼 수 있다. 광활하기 그지없는 우주를 한눈에 조망할 수 있다.

  비록, 그 효과를 음미하는 때는 천천히 올지라도 말이다.

옮긴이 이수정

이화여대 신문방송학과를 졸업하고 고려대학교 언론대학원에서 수학했으며, 1999년에 미국으로 이주해 본격적으로 영어 번역을 시작했다. 한인 로컬 매거진 편집장으로 있으면서 다수의 매거진을 창간·편집했고 칼럼니스트, 에세이스트, 소설가로 꾸준히 활동하고 있다. 번역서로 『게이츠가 게이츠에게』, 『땡큐, 스타벅스』, 『나는 가능성이다』, 『혼자 이기지 마라』, 『100개만으로 살아 보기』 등이 있다.

부는 어디에서 오는가 - 성공의 비밀
1911년 오리지널 초판본 표지디자인

초판 1쇄 펴낸 날 2025년 6월 10일

지은이	월리스 D. 와틀스
옮긴이	이수정
펴낸이	장영재
펴낸곳	(주)미르북컴퍼니
자회사	더스토리
전화	02)3141-4421
팩스	0505-333-4428
등록	2012년 3월 16일(제313-2012-81호)
주소	서울시 마포구 성미산로32길 12, 2층 (우 03983)
E-mail	sanhonjinju@naver.com
카페	cafe.naver.com/mirbookcompany
SNS	instagram.com/mirbooks

* (주)미르북컴퍼니는 독자 여러분의 의견에 항상 귀 기울이고 있습니다.
* 파본은 책을 구입하신 서점에서 교환해 드립니다.
* 책값은 뒤표지에 있습니다.